चीन के पर्व-त्योहार

www.royalcollins.com

चीन के पर्व-त्योहार

मूल चीनी पाठ और चित्रांकन

यांग यांग तू

हिंदी अनुवाद : अकबर रिज़वी

RC

Books Beyond Boundaries

ROYAL COLLINS

रॉयल कॉलिन्स

Meeting Chinese Festivals

Original Chinese Text and Illustrations by
Yangyangtu
Hindi Translator: Akbar Rizvi

First Hindi Edition 2023
By Royal Collins Publishing Group Inc.
BKM Royalcollins Publishers Private Limited
www.royalcollins.com

चीन के पर्व-त्योहार
मूल चीनी पाठ और चित्रांकन यांग यांग तू
हिंदी अनुवाद : अकबर रिज़वी

Copyright © Royal Collins Publishing Group Inc.
Groupe Publication Royal Collins Inc.
BKM Royalcollins Publishers Private Limited

Headquarters: 550-555 boul. René-Lévesque O Montréal (Québec) H2Z1B1 Canada
India office: 805 Hemkunt House, 8th Floor, Rajendra Place, New Delhi 110 008

ISBN: 978-1-4878-1106-8

त्योहार जो हमारी यादों में बसे हैं

चीन के जितने भी पारम्परिक पर्व-त्योहार हैं, सभी पारम्परिक चन्द्र कैलेंडर और 24 सौर चक्रों पर आधारित हैं। आजकल हम जिस कैलेंडर का उपयोग करते हैं वह ग्रेगोरियन कैलेंडर है, जिसे दुनिया के अधिकांश देशों ने अपनी सुविधा और एक-दूसरे के साथ बेहतर आदान-प्रदान के लिए अपनाया है। लेकिन प्राचीन काल में तो लोगों को पता ही नहीं था कि दुनिया में इतने सारे देश हैं। अतः बताने की ज़रूरत नहीं कि उस ज़माने में सभी देशों का अपना-अपना कैलेंडर हुआ करता था। चीन भी बाक़ी देशों से अलग नहीं था। चीन में जिस कैलेंडर का युगों तक इस्तेमाल होता रहा, वह बहुत ही अनोखा और पारम्परिक कैलेंडर था जिसे हम चीनी चन्द्र कैलेंडर के नाम से जानते हैं।

24 सौर चक्र क्या हैं? इस प्रश्न का उत्तर जानने के लिए पहले यह जानना ज़रूरी है कि वर्ष क्या है? पृथ्वी को सूर्य का एक चक्कर लगाने में जितना समय लगता है, उसे एक वर्ष माना जाता है। इसी को सूर्य की वार्षिक गति भी कहा जाता है। चीनी परम्परा में वर्ष को 24 भागों में बाँटा गया है, जिसे 24 सौर चक्र कहा जाता है। 24 सौर चक्रों की यह प्रणाली दरअसल ज्ञान और सामाजिक रीतियों की ऐसी प्रणाली है जो सूर्य की वार्षिक गति तथा ऋतु, जलवायु और फेनोलॉजी में होने वाले वार्षिक बदलावों के अवलोकन के माध्यम से प्राचीन चीन में विकसित की गई थी। प्राचीन काल में किसानों को पारम्परिक खेती और दैनिक जीवन में मार्गदर्शन के लिए इस प्रणाली का उपयोग किया जाता था। यह वसंत के आरम्भ (ली चुन) से शुरू होता है और महाठंड (ता हान) के साथ समाप्त होता है। चार ऋतु क्रमशः "चार आरम्भ" से शुरू होते हैं, अर्थात् वसंत ऋतु का आरम्भ (ली चुन), ग्रीष्म ऋतु का आरम्भ (ली शिया), शरद अथवा हेमंत ऋतु का आरम्भ (ली चिऊ) और शिशिर अथवा शीत ऋतु का आरम्भ (ली तोंग)। यहाँ "ली" का अर्थ है "आरम्भ"। ग्रेगोरियन कैलेंडर के

हिसाब से देखें तो वसंत का आरम्भ सामान्यतः 3 से 5 फरवरी के आसपास होता है, ग्रीष्म का आरम्भ 5 से 7 मई के आसपास, शरद का आरम्भ 7 से 9 अगस्त के आसपास और शीत का आरम्भ 7 से 8 नवंबर के आसपास होता है। "चार आरम्भ" चार ऋतुओं के आगमन का संकेत देते हैं और फेनोलॉजी, जलवायु और अन्य कई चीज़ों जैसे कि धूप, बारिश और तापमान के मौसमी ढर्रे में आने वाले बदलाव को दर्शाते हैं। प्राचीन समय में चीन के लोगों ने इन्हीं बदलावों के आधार पर एक अवधारणा विकसित की थी जिसे हम "वसंत में बोते हैं बीज, ग्रीष्म में तैयार होती है फसल, शरद में होती है फसलों की कटाई, और शीत में होता है भंडारण" के रूप में जानते हैं।

प्राचीन समय में अच्छी और निरोगी फसल के लिए पूजा-पाठ, बलि आदि का खूब चलन था। अर्पण या बलि के लिए कुछ ख़ास दिन निश्चित होते थे। लेकिन समय के साथ-साथ लोगों की सोच में बदलाव आया और बलि देने की प्रथा जो कभी बड़े पैमाने पर प्रचलित थी, उसमें धीरे-धीरे कमी आने लगी और इनकी जगह कुछ पारम्परिक त्योहारों ने ले लिया जो आज भी प्रचलित हैं। बलि देने की प्रथा तो अब नहीं रही लेकिन बहुत से दिलचस्प रीति-रिवाज़ों और त्योहार के मौक़े पर बनाए जाने वाले स्वादिष्ट और लज़ीज़ पकवानों का वजूद आज भी क़ायम है। ऐसा ही एक त्योहार है – लाबा पर्व, जो हर साल 12वें चन्द्रमास के आठवें दिन मनाया जाता है। यह मूल रूप से एक शीतकालीन शिकार कार्यक्रम हुआ करता था, लोग इस दिन बलि चढ़ाने के लिए शिकार खेला करते थे। लेकिन अब इस त्योहार का स्वरूप बदल चुका है, और अब लोग इस दिन लाबा कांजी खाते हैं और लाबा लहसुन बनाते हैं। लाबा लहसुन बनाने का तरीका बहुत ही आसान है। विनेगर यानी सिरका में छिले लहसुन को डुबोकर रखा जाता है। सिरका सोखने के कारण लहसुन का रंग हरा हो जाता है। सिरका-संरक्षित इस लहसुन का स्वाद हल्का खट्टा और मसालेदार होता है। इसलिए आप चाहें तो इसे लहुसन का अचार या मुरब्बा भी कह सकते हैं।

ऐसे और भी कई परम्परागत त्योहार हैं, जिनका सीधा सम्बंध 24 सौर चक्रों से हैं, जैसे कि चींगमिंग (चींगमिंग का मतलब धवल और उज्जवल होता है। इसे निर्मल प्रकाशोत्सव भी कहा जाता है)। इन पारम्परिक त्योहारों में से कुछ ऐसे भी हैं जिनसे बहुत सी पौराणिक कथाएँ जुड़ी हुई हैं। उदाहरण के रूप में मध्य-शरद उत्सव को ले सकते हैं जो कि आठवें चन्द्रमास के 15वें दिन मनाया जाता है। चाँद देखना और मूनकेक खाना जैसे कई रीति-रिवाज़ हैं जिनका इस दिन पालन किया जाता है। दरअसल, चन्द्र देवता को बलि चढ़ाने की जो प्राचीन प्रथा थी, उसी से इन रीति-रिवाज़ों का जन्म हुआ है। चांग'ई के चाँद पर जाने की पौराणिक कथा भी धीरे-धीरे इस त्योहार का हिस्सा बनती चली गई,

और अब यह सभी के लिए एक ऐसी जानी-पहचानी कहानी है जो हर साल इस पर्व के मौके पर सुनाई जाती है।

यह तो सभी को पता है कि एक राष्ट्र के रूप में चीन का काफी लम्बा इतिहास रहा है लेकिन इतने बड़े देश को एकसूत्र में पिरोने और सांस्कृतिक रूप से एकजुट बनाए रखने में पारम्परिक त्योहारों के योगदान की अनदेखी नहीं की जा सकती। ये पारम्परिक त्योहार वास्तव में अमरबेल जैसे हैं जिन्होंने ऐतिहासिक और सांस्कृतिक रूप से चीन के लोगों को आपस में जोड़ा है और जोड़े रखा है। इस लिहाज़ से देखें तो चीन के लिए यह किसी ख़ज़ाने से कम नहीं हैं। आज, जबकि बाहरी दुनिया के लिए चीन खुद को और अधिक खोल रहा है, चीन के ये पारम्परिक पर्व-त्योहार विदेशियों में और अधिक लोकप्रिय होते जा रहे हैं, लोग इन त्योहारों से जुड़े दिलचस्प क़िस्सों को जानना-समझना चाहते हैं। लोगों की इसी उत्सुकता को ध्यान में रखते हुए इस पुस्तक की रचना की गई है। इस पुस्तक शृंखला के माध्यम से चीन के पारम्परिक पर्व-त्योहारों की विस्तृत और व्यवस्थित तस्वीर पेश करने की कोशिश के तहत 24 सौर चक्रों के अनुरूप चार खण्डों, अर्थात् वसंत, ग्रीष्म, शरद और शीत ऋतुओं में जो भी पर्व-त्योहार आते हैं उन्हें क्रम से पेश किया गया है। हम आशा करते हैं कि यह पुस्तक चीनी त्योहारों को करीब से देखने-समझने और संस्कृति का आनंद लेने में पाठकों के लिए मददगार साबित होगी।

福
福

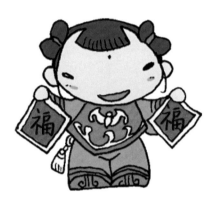

विषय-सूची

चीन के
पर्व-त्योहार

भाग 1

पारम्परिक त्योहार

चीन के रंग-बिरंगे पारम्परिक त्योहार वास्तव में देश के सुदीर्घ इतिहास और संस्कृति का एक अहम हिस्सा हैं, जो समय के साथ सामाजिक और सांस्कृतिक जीवन को बड़ी बारीकी और स्पष्टता के साथ दर्ज कर चलते हैं। लेकिन कई ऐसे त्योहार भी हैं जो वक़्त की रफ़्तार से तालमेल बिठाने में नाकाम रहे और एक समय के बाद या तो उनका वजूद खत्म हो गया या फिर कुछ ही जगहों तक सिमट कर रह गया और बहुत कम ही लोग होंगे जो इन त्योहारों के बारे में जानते होंगे! ऐसे त्योहार आज भी हमारी प्रतीक्षा में हैं कि हम एक-न-एक दिन इनकी सुध ज़रूर लेंगे, इनकी ख़ूबसूरती पर वक़्त की जो गर्द जम गई है, उसको साफ़ करेंगे और इस तरह अपनी पुरानी चमक-दमक के साथ ये त्योहार हमारी ज़िन्दगियों में वापस आएँगे और इसको रंग-उमंग से भर देंगे।

वसंत उत्सव

चारों तरफ पटाखों का शोर बरपा है और इस शोर के बीच पुराना साल विदा हो रहा है।

नया साल आया है आओ
मिलकर खुशी मनाएँ
टोपी नयी पहनें और तन को
नये कपड़ों से सजाएँ
पका भाप से स्टिकी राइस केक हो,
और जियाओज़ी (डम्प्लिग) खूब बनाएँ
जगमग कंदीलें ले आओ,
ख़ूब पटाखे फोड़ें!

बड़े-बच्चे सभी के लिए चीनी नव वर्ष खुशियाँ लेकर आता है। इस मौके पर सभी नाते-रिश्तेदार एक-दूसरे से मिलते-जुलते हैं। कह सकते हैं कि नया साल बड़े-बुजुर्गों के लिए मिलन का आनंद लेकर आता है। और बच्चे! नये-नये कपड़े पहनते हैं और तोहफ़े में घर के बड़े-बुजुर्गों से पैसे भी पाते हैं। इस तरह उनकी खुशी और उमंग देखते ही बनती

वसंत उत्सव से सम्बंधित चुनलिएन या दोहे चिपकाना

वसंत उत्सव से सम्बंधित दोहे यानी चुनलिएन, जिन्हें द्वार छंद भी कहा जाता है, दरअसल दो पंक्तियों के मंगल संदेश होते हैं, जो लयबद्ध और तुकांत होते हैं।

चौखट का ऊपरी हिस्सा
दोहे का दूसरा भाग
दोहे का पहला भाग

चौखट के ऊपरी हिस्से पर लिखा जाना वाला वाक्यः हर घर में सुख-समृद्धि का वास हो।

चुनलिएन का दूसरा भागः आसमान और ज़मीन दोनों पर आए वसंत।

चुनलिएन का पहला भागः मनोहर रहे प्रकृति की छटा हमेशा की तरह।

दरवाज़े पर चीनी अक्षर "फू" लटकाने का रिवाज़

"फू" अर्थात "福" का अर्थ सौभाग्य और सुख-समृद्धि है। नववर्ष के अवसर पर अपने दरवाज़े पर "फू" लटकाने का रिवाज़ सोंग राजवंश (960–1279) के ज़माने से ही चला आ रहा है। क़िंग राजवंश (1644–1911) के ज़माने में भी यह परम्परा जारी रही, लेकिन इसमें एक छोटा सा बदलाव आया। क़िंग काल में "फू" अक्षर को उल्टा लटकाने का चलन शुरू हुआ। ऐसा इसलिए कि "福" अक्षर को उल्टा कर देने पर इसका अर्थ आगमन हो जाता है। इस प्रकार यह सौभाग्य यानी सुख-समृद्धि के आगमन का प्रतीक है।

है। वसंत उत्सव को गुओ नियान भी कहा जाता है। गुओ नियान चीन का चन्द्र नववर्ष है और यह परम्परा लगभग 4000 साल पुरानी है। यह परम्परा आज भी प्रचलित है लेकिन अब इसमें थोड़ा बदलाव आ गया है। अब चन्द्र कैलेंडर के पहले महीने के शुरूआती पन्द्रह दिनों तक वसंत उत्सव मनाया जाता है।

चीनी नववर्ष का नाम गुओ नियान कैसे पड़ा?

एक लोकप्रचलित दंतकथा है कि बहुत समय पहले नियान नाम का एक राक्षस हुआ करता था। वह हर साल चन्द्र नववर्ष की पूर्व संध्या पर गाँवों पर हमला करता और लोगों को खा जाता था। उस राक्षस का इतना आतंक था कि लोग उस दिन अपने परिजनों को इकट्ठा करते और फिर नियान से बचने के लिए दूर पहाड़ों में जाकर छिप जाया करते थे। फिर एक दिन लोगों को पता चला कि नियान तीन चीज़ों से डरता है: लाल रंग, आग की रौशनी और विस्फोट या फूटने की आवाज़। उसके बाद लोगों ने नियान से बचने के लिए इन चीज़ों को अपना हथियार बना लिया। यही कारण है कि हर साल चन्द्र नववर्ष की पूर्व संध्या पर लोग अपने-अपने घरों में लाल कंदीलें लटकाते हैं, अपने-अपने दरवाज़े पर वसंत उत्सव के दोहे चिपकाते हैं, और नियान को डराने के लिए आतिशबाजी करते हैं। इस दिन लोग न सिर्फ अपने घरों को पूरी रात रौशनी से जगमग रखते हैं, बल्कि खुद भी जगे रहते हैं। फिर, अगले दिन सुबह-सुबह, वे अपने रिश्तेदारों और दोस्तों के घर जाते हैं, उन्हें बधाई और शुभकामनाएँ देते हैं। यह परम्परा पीढ़ी दर पीढ़ी चली आ रही है और इस तरह यह चीन का सबसे महत्वपूर्ण पारम्परिक त्योहार बन गया है।

यह सिर्फ आतिशबाज़ी और दरवाज़ों पर दोहे चिपकाने का त्योहार नहीं है, बल्कि और भी बहुत कुछ है जो इसको ख़ास बनाता है। नये साल के दिन लोग सुबह-सुबह नये कपड़े पहनते हैं। नये

राक्षस नियान

आतिशबाज़ी

नियान को डराने के लिए आतिशबाज़ी यानी पटाखे फोड़ने का चलन तो बहुत बाद में शुरू हुआ। पहले लोग चटकने-फूटने की आवाज़ पैदा करने के लिए पटाखों की जगह बांस, बेंत या सरकंडों का इस्तेमाल किया करते थे। इसी कारण इसका नाम बाओझू पड़ा, जिसका शाब्दिक अर्थ फटा बांस होता है।

नियानगाओ

जियाओज़ी

नियानयेफ़ान, अर्थात, नववर्ष की पूर्वसंध्या पर रात्रिभोज

चन्द्र नववर्ष की पूर्वसंध्या पर फैमिली डिनर का आयोजन किया जाता है। यह साल का सबसे महत्वपूर्ण रात्रिभोज माना जाता है और इस मौके पर खासतौर से जियाओज़ी और मछली परोसी जाती है। मछली को सम्पन्नता का प्रतीक माना जाता है। लोग यह कामना करते हैं कि हर पुराना साल बचे भोजन के साथ विदा हो। अर्थात, नये साल में भी अन्न की कमी न हो।

यासुईचिएन, अर्थात, शुभ धन

नये साल के मौके पर बच्चो को सौग़ात के तौर पर पैसे देने का चलन है। इसे शुभ धन माना जाता है। घर के बड़े-बुजुर्ग बच्चों को पैसे देते हैं। दो चीनी अक्षरों का उच्चारण सुई होता है, लेकिन दोनों के अर्थ अलग-अलग हैं – "वर्ष" और "बुरी आत्मा"। या का अर्थ है दबाना या रोकना। इस प्रकार, यासुईचिएन का अर्थ है-शांतिपूर्ण नववर्ष के लिए बुराई को दबाना या रोकना। इसका मतलब यह भी हुआ कि आने वाला साल सुख-शांति से बीते, इसके लिए बुरी आत्मा को रोकना ज़रूरी है।

बैनियान, अर्थात, नये साल की बधाई देना

नये साल की पूर्व संध्या बीत जाने के बाद, अगले दिन सुबह से ही दोस्तों और रिश्तेदारों से मिलने का सिलसिला शुरू हो जाता है। लोग एक-दूसरे के घर जाते हैं और एक-दूसरे को बधाई देते हैं कि शुक्र है कि सब सुरक्षित हैं और राक्षस नियान का शिकार होने से बच गए हैं। इसी को बैनियान कहा जाता है।

कपड़े पहनना दरअसल पुराने साले के अंत और नये साल के आरम्भ का प्रतीक है। घर से बाहर निकलने से पहले जियाओज़ी और नियानगाओ खाने का भी रिवाज़ है। अच्छी सेहत, पारिवारिक पुनर्मिलन और आने वाले वक़्त के और बेहतर होने के लिहाज़ से ऐसा करना शुभ माना जाता है।

प्राचीन काल में अपने हमउम्र दोस्तों और साथियों को नए साल की बधाई देने को हनियान कहा जाता था, जबकि बुजुर्गों के सामने घुटनों के बल बैठकर बधाई देने की

परम्परा थी जिसे बैनियान कहा जाता था। नये साल के मौक़े पर घर के बड़े-बुजुर्गों की तरफ से बच्चों को उपहार स्वरूप दिया जाने वाला पैसा यासुईचिएन कहलाता है। चन्द्र कैलेंडर के पहले महीने के शुरूआती पांच दिनों तक नये साल की बधाई दी जाती है। पांचवें दिन के बाद दी जाने वाली बधाई को बैवन्नियान अर्थात, नववर्ष की देर से दी गई बधाई कहा जाता है। चीन में एक कहावत प्रचलित है कि "अगर आप सच्चे दिल से किसी को नये साल की बधाई देते हैं तो इससे कोई फ़र्क़ नहीं पड़ता कि यह नये साल का पहला

गुआंगमियाओहुई, अर्थात, मंदिरों में लगने वाले मेलों की सैर

मंदिरों के आसपास लगने वाले मेलों को मियाओहुई कहा जाता है। मंदिर परिसर या इसके आसपास मेले की शुरुआत तांग राजवंश (618-907) के शासनकाल में हुई थी। इस प्रकार देखें तो यह परम्परा बहुत प्राचीन है।

दिन है या पन्द्रहवाँ दिन।" इस तरह देखें तो साल के पहले महीने की पन्द्रह तारीख़ तक नये साल की बधाई दी जा सकती है।

यासुईचिएन यानी पैसे पाते ही बच्चे अपने घरों से बाहर निकलने और सड़कों पर उमड़ने वाली भीड़ में शामिल होने को मचल उठते हैं क्योंकि बाहर बिल्कुल अलग ही समां होता है। घंटे-घड़ियालों और ढोलों की थाप पर कहीं शेर नृत्य तो कहीं ड्रैगन कंदील नृत्य चल रहा होता है। कहीं कलाकार अपने पैरों को लम्बे-लम्बे बांसों पर टिकाए टहल रहे होते हैं। आपको बता दें कि इसे भारत में पैरबांसा या गेंड़ी भी कहा जाता है जिसका

नया साल

सोंग काल के कवि वांग अंशी (1021–1086) की प्रसिद्ध कविता

चारों तरफ गूँज रही है पटाखों की आवाज़
आतिशबाज़ी के बीच आ रहा है नया साल
बसंती हवा में घुल गई है टूसू शराब की गर्मी
मादक माहौल के बीच आ रहा है नया साल
अब उगता सूरज करेगा हज़ारों घरों को रौशन
लोग लटकाएँगे नये ताओफू पुराने की जगह

'पीचवुड चार्म्स' को चीनी भाषा में ताओफू कहा जाता है। अपने घर को बुरी आत्माओं से बचाने और दुख-दरिद्रता को दूर रखने के लिए चीन में लोग टोटके के तौर पर आड़ू की लकड़ी की तख्तियाँ लटकाते हैं, जिस पर द्वार-देवताओं के चित्र बने होते हैं।

वसंत उत्सव से जुड़ी कुछ और बातें

वसंत उत्सव के दोहों यानी चुनलिएन का इतिहास

झोउ राजवंश (1046-256 ईसा पूर्व) के शासनकाल के दौरान पीचवुड चार्म्स यानी ताओफू से चुनलिएन यानी वसंत उत्सव के दोहों की उत्पत्ति हुई है। घरों के दरवाज़े पर पीचवुड की दो चौकोर तख्तीयाँ लटकाने का रिवाज़ है। चौखट के बाईं ओर जो तख्ती लटकाई जाती है उस पर शेन्शु की तस्वीर बनी होती है और दाईं ओर जो तख़्ती लटकाई जाती है उस पर युलु की तस्वीर बनी होती है। शेन्शु और युलु को दहलीज़ का देवता माना जाता है जो दुर्भाग्य और बुरी आत्माओं को घर में प्रवेश करने से रोकता है।

वसंत उत्सव की उत्पत्ति

आज से लगभग 4000 साल पहले सम्राट शुन ने सिंहासन ग्रहण किया था। सिंहासन पर बैठने के बाद सम्राट ने स्वर्ग के देवता को प्रसन्न करने के लिए यज्ञ किया था। उन्होंने ईश्वर को प्रसन्न करने के लिए बलि दी थी। सम्राट शुन के इसी अनुष्ठान से वसंत उत्सव की उत्पत्ति मानी जाती है। लोग वसंत उत्सव के दिन को नये साल की शुरुआत के रूप में देखते हैं और इसे युआनदान या नववर्ष दिवस कहते हैं। 20वीं शताब्दी की शुरुआत में चीन ने ग्रेगोरियन कैलेंडर को अपना लिया और इस तरह 1 जनवरी को युआनदान कहा जाने लगा। तभी से चन्द्र कैलेंडर के पहले महीने की पहली तारीख़ को वसंत उत्सव कहा जाता है।

उपयोग नट लोग करतब दिखाने में करते हैं। इन सबके बीच पटाखों का गगनभेदी शोर एक अलग क़िस्म का रोमांच पैदा कर रहा होता है। चीन में कई जगहों पर वसंत उत्सव के दौरान कुछ अलग क़िस्म की गतिविधियाँ भी होती हैं जैसे कि पूर्वजों को बलि चढ़ाना, मंदिर मेलों का आयोजन करना और यांग्को नृत्य की प्रस्तुतियाँ आदि। इस दौरान पूरे देश में हर्षोल्लास का माहौल होता है और लोग जश्न में डूबे होते हैं।

वूलोंगडेंग, अर्थात ड्रैगन कंदील नृत्य का एक दृश्य

लीचुन उत्सव

24 सौरचक्रों में से पहला सौरचक्र लीचुन है, जिसे दाचुन (शाब्दिक अर्थः "वसंत पीटना" है। वसंत के आगमन का संकेत देने के लिए मिट्टी के बैल को कोड़े या चाबुक से मारा जाता है, इसी को "वसंत पीटना" कहते हैं) या झेंग्यू जी (प्रथम चन्द्रमास उत्सव) के रूप में भी जाना जाता है। यह वसंत के आरम्भ का प्रतीक है। लीचुन उत्सव मनाने की परम्परा करीब 3,000 साल पुरानी है। कहा जाता है कि झोउ राजवंश का एक सम्राट अपने तीन स्टेट काउंसलरों (राज्य पार्षद) और नौ मंत्रियों के साथ वसंत के स्वागत में राजधानी के पूर्वी उपनगर पहुँचा और अनुष्ठानों और बलिदानों से वसंत का स्वागत किया था। वहीं से इस परम्परा की शुरुआत मानी जाती है। लेकिन यहाँ पर एक सवाल उठता है कि बलि चढ़ाने के लिए सम्राट को पूर्व की ओर जाने की ज़रूरत क्यों पड़ी? इसके पीछे भी एक कहानी है। प्राचीन काल में ऐसा कहा जाता था कि वसंत देवता का वास पूरब में होता है। यही कारण है कि सम्राट ने वसंत देवता के सम्मान में पूर्वी उपनगर पहुँचकर बलि चढ़ाने का निर्णय लिया था। वसंत देवता को गोउ मांग कहा जाता था। गोउ मांग की शक्ल तो इंसानों जैसी थी लेकिन शरीर पक्षी जैसा था। गोउ मांग को वसंत और उससे जुड़ी तमाम दूसरी चीज़ों का स्वामी माना जाता था।

गोउ मांग

वसंत के स्वागत में तरह-तरह की गतिविधियों को अंजाम दिया जाता है। मिट्टी के बैल को चाबुक मारा जाता है। मौसमी सब्ज़ियाँ खायी जाती हैं। वसंत के पोस्टर बनाए और लगाए जाते हैं। वसंत में तोड़ी गई चायपत्तियों से बनी चाय पी जाती है। काग़ज़ के रिबन से वसंत पताके बनाए जाते हैं। "वसंत कुतरने" और "स्प्रिंग चिकन या वसंत मुर्गा" पहनने का भी रिवाज़ है। वसंत को कुतरने का मतलब पैनकेक और सफेद मूली खाना है, जबकि "स्प्रिंग चिकन" मुर्गे के आकार की रूई की बनी छोटी सी गुड़िया होती है जिसको लोग गुडलक या सौभाग्य के लिए पहनते हैं। साथ ही घर के आसपास के पेड़ की शाखाओं से लीचुन सफेद मूली बाँधने की भी परम्परा है।

चुन जी (स्प्रिंग चिकन) पहनना

चुन जा पीना (वसंत चाय)

मिट्टी के बैल को चाबुक मारना

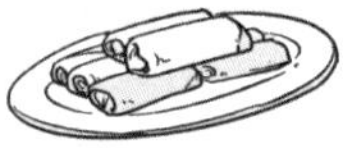

वसंत के व्यंजन खाना

“याओ चुन, अर्थात, वसंत कुतरना”

वसंत पताका काटना

कंदील उत्सव

कंदील उत्सव (नाओ युआनशाओ) हमेशा पहले चन्द्रमास के 15वें दिन मनाया जाता है।

मिंग युग (1368-1644) के कवि तांग बोहू की एक प्रसिद्ध कविता है-युआनशाओ, अर्थात, कंदील उत्सव। इस कविता में कहा गया है कि "जब वसंत आता है, लोगों को बिल्कुल जेड जैसा सुंदर बना देता है। चमकती कंदीलों के साये में चाँद बिल्कुल चाँदी जैसा दिखता है।" कंदीलें, चाँद, वसंत और लोग — जब सब एकसाथ दिखें तो समझ लीजिए कि कंदील उत्सव का आगमन हो चुका है। वैसे यह वसंत उत्सव के भव्य अंत का भी प्रतीक है। इसी कारण से कंदील उत्सव को शांग युआन जी भी कहा जाता था। यहाँ शांग का शाब्दिक अर्थ है-ऊपरवाला, और युआन ब्रह्मांड के तीन मूल तत्त्वों में से एक है।

ताइपिंग ढोल नृत्य

प्राचीन काल में प्रथम चन्द्रमास को युआन का महीना कहा जाता था, और चीनी भाषा में शाओ का मतलब रात होता है। चीनी चन्द्रवर्ष के पहले महीने का 15वाँ दिन, साल की पहली पूर्णिमा भी होती है। ऐसी मान्यता है कि हान वंश के सम्राट वेन (203–157 ईसा पूर्व) ने आदेश दिया था कि इस दिन को कंदील उत्सव के रूप में मनाया जाए। अब सवाल उठता है कि आख़रि उन्होंने ऐसा आदेश क्यों दिया था? क्योंकि उसी दिन उन्होंने लू कबीले के विद्रोह को दबाने में कामयाबी हासिल की थी। अपनी इस विजय के यादगार बनाने, अपनी प्रजा के साथ खुशियाँ बाँटने और बड़ी मुश्किल से हासिल की गई इस शांति को संजोने के लिए उन्होंने इस दिन को उत्सव का रूप दिया था।

बाद में, हान वंश के सम्राट वू (156–87 ईसा पूर्व) ने जब "ताइ यी के देवता" के लिए अनुष्ठान करना शुरू किया तो इसके लिए भी उन्होंने इसी दिन को चुना। ऐसी मान्यता थी कि ताइ यी पूरे ब्रह्मांड पर शासन करते हैं। एक बात और, ताइचु कैलेंडर की शुरुआत 104 ईसा पूर्व में हुई थी, जो कि ताइचु संवत् का पहला वर्ष था, इसे "भव्य आरम्भ पांचांग" भी कहा जाता है। माना जाता है कि ताइचु कैलेंडर में कंदील उत्सव को एक प्रमुख त्योहार के रूप में परिभाषित किया गया था।

रिवाज़ों से जुड़ी कुछ और बातें

कंदील उत्सव के दौरान हम कंदीलें क्यों जलाते हैं?

पूर्वी हान राजवंश के शासनकाल (25-220) के दौरान चीन में बौद्ध धर्म का आगमन हुआ। कुछ लोगों का मत है कि महात्मा बुद्ध के उपदेशों और धम्म के प्रचार-प्रसार के लिए हान वंश के सम्राट मिंग (28-75) ने यह आदेश जारी किया था कि महात्मा बुद्ध के सम्मान में शाही महल और मंदिरों में कंदीलें जलाई जाएँ। बाद में प्रजा ने भी इसकी देखादेखी अपने घरों में कंदील जलाना शुरू कर दिया और तब से कंदील जलाने की परम्परा इस त्योहार का अटूट अंग बन गई।

कंदील जलाने की परम्परा को लेकर एक और मत भी प्रचलित है, जिसका सम्बंध ताओवाद से है। ताओवादी परम्परा में पहले चन्द्रमास के 15वें दिन को शांगयुआन जी (जी का मतलब त्योहार होता है), सातवें चन्द्रमास के 15वें दिन को झोंगयुआन जी और दसवें चन्द्रमास के 15वें दिन को शायुआन जी कहा जाता है। इन तीनों युआन का सम्बंध उस ताओवादी विचार से है, जिसके अनुसार ब्रह्मांड में जो कुछ भी है, वह तीन मूल तत्वों — आकाश, पृथ्वी और जल से पैदा हुआ है। ताओवादी परम्परा में तीन पन्द्रहवें दिन क्रमशः आकाश, पृथ्वी और जल के देवताओं के जन्मदिन होते हैं। इन तीनों में आकाश या स्वर्ग के देवता को सुख-समृद्धि देने वाला माना जाता है। इसीलिए पहले चन्द्रमास के 15वें दिन स्वर्ग के देवता के जन्मदिन पर लोग कंदीलें जलाते हैं, प्रार्थना करते हैं और जश्न मनाते हैं।

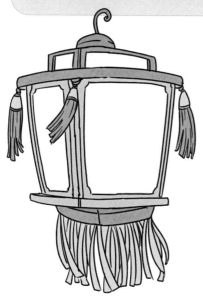

यह मछली जैसी दिखती है लेकिन मछली नहीं है।
यह समंदर में रहती है।
दूर से देखो तो फव्वारे जैसी दिखती है
पास से कोई बड़ा द्वीप नज़र आती है
— संकेतः इस पहेली का उत्तर एक जलचर है।

कंदील पहेलियों का अंदाज़ा लगाना

पहेली का सही जवाब इस अध्याय के अंतिम पन्ने पर दिया गया है।

राजधानी में कंदील उत्सव

जिन राजवंश (1115–1234) के ज़माने में युआन हाओवेन (1190–1257) ने यह कविता लिखी थी।

जिधर देखो उधर सजी-धजी औरतें ही छाई हैं,
बच्चे कंदीलें लिए गलियों में मस्ती कर रहे हैं।
और मैं सादे लबादे में यहाँ, ये कर क्या रहा हूँ?
हँसती-खिलखिलाती जोश बढ़ाती भीड़ में मैं भी
कंदील पहेलियाँ सुलझाने की कोशिश कर रहा हूँ।

कंदील उत्सव को यह जो नया दर्जा और रुतबा हासिल हुआ, उसके आलोक में इस त्योहार को भव्य तरीके से मनाना एक तरह से अपरिहार्य हो गया था। आजकल की तरह ही प्राचीन काल में भी कंदील उत्सव के दिन सार्वजनिक छुट्टी हुआ करती थी और लोग त्योहार का भरपूर आनंद लिया करते थे। हान राजवंश के शासनकाल (202 ईसा पूर्व-220 ईस्वी) में यह त्योहार केवल एक दिन का हुआ करता था, लेकिन तांग (618-907), सोंग (960-1279) और मिंग (1368-1644) राजवंशों के शासन काल में यह क्रमशः तीन, पांच और दस दिनों तक मनाया जाने लगा। उस ज़माने में औरतों के लिए घर से बाहर निकलना और सार्वजनिक आयोजनों में शामिल होना बहुत ही मुश्किल था क्योंकि सामाजिक पाबंदियाँ उनको दहलीज़ के बाहर कदम रखने की इजाज़त नहीं देती थीं। लेकिन कंदील उत्सव

किस्म-किस्म की कंदीलें

पैरबांसा पर
चलते कलाकार

यांग्को नृत्य

ड्रैगन डांस

लैंडबोट डांस या नाव नृत्य

के दौरान औरतें अपने घरों से बाहर निकल सकती थीं। वह कंदीलों से सजी गलियों और मुहल्लों में घूमने और त्योहार का आनंद लेने के लिए आज़ाद थीं। ज़रा कल्पना कीजिए कि उस दिन का माहौल कैसा होता होगा! चारों तरफ हर्ष और उल्लास का वातावरण! जोश और उमंग से भरपूर लोगों की भीड़! इसमें संदेह नहीं कि जबसे कंदील उत्सव की शुरुआत हुई, इस त्योहार के दिन हमेशा से ऐसा ही माहौल रहा है। सभी उत्सवों में नाओ शामिल रहता है, जिसका अर्थ है मौज-मस्ती करना या उत्साह में नाचना-गाना, धूम मचाना। यही कारण है कि कंदील उत्सव को विशेष रूप से चीनी भाषा में नाओ युआनशाओ कहा जाता है।

रंग-बिरंगी आतिशबाज़ियों से रात में आकाश रौशन हो उठता है। आकाश की चादर पर कभी कोई मोर अपनी पूँछ फैला रहा है तो कहीं कोई फूल खिल रहा है। कभी ऐसा लगता है जैसे आसमान से तारों का एक समूह नीचे की तरफ गिरा आ रहा है तो कभी इन्द्रधनुषी छतरियाँ खुलती नज़र आती है। आतिशबाज़ी का यह अंदाज़ और ख़ूबसूरती आँखों को बांध लेती है। लेकिन रौशन आकाश से कभी धरती पर सजे कंदील की चमक फीकी नहीं पड़ती। कंदीलें भी अजब-गजब रंग-ढंग की होती हैं, कोई खरगोश जैसी, कोई बंदर राजा जैसी तो कोई गोल्डफिश या सुनहरी मछली जैसी दिखती हैं। वैसे और भी बहुत से जीव-जन्तुओं के रूप और आकार की कंदीलें आपको इस त्योहार के दौरान दिख जाएँगी।

त्योहार के दौरान कंदील पहेलियों को सुलझाना भी एक अच्छा शग़ल माना जाता है। कंदील पहेली को सुलझाने में जुटी भीड़ भी त्योहार का ही हिस्सा है और यह उस दिन आपको कहीं भी सहज ही दिख जाएगी। कंदील पहेली का चलन दक्षिणी सांग राजवंश के शासनकाल (1127-1279) में शुरू हुआ था। पहेलियों को कागज की पर्चियों पर लिखा जाता है और फिर इसे कंदील पर चिपका दिया जाता है। अगर आप पहेली को सुलझाने में कामयाब होते हैं तो आपको पुरस्कार भी मिलता है। यह पहेली का खेल बड़ा ही दिलचस्प है और लोगों को पहेली का हल ढूँढने में ख़ूब मज़ा आता है। कंदील उत्सव के दौरान पहेली का यह खेल ख़ूब खेला जाता है। इसके अलावा, इस दिन ड्रैगन डांस, शेर नृत्य, पैरबांसा पर चलने का करतब, नाव नृत्य और यांग्को नृत्य समेत और भी बहुत से खेल-तमाशे और गतिविधियाँ होती हैं। इस तरह, त्योहार का यह दिन धींगामस्ती, मनोरंजन, रोमांच और शोरगुल से भरपूर होता है।

अगर आप कंदील उत्सव देखने आए हैं तो आपको तांगयुआन ज़रूर खाना चाहिए। तांगयुआन दरअसल मीठा मोमो या डम्प्लिग है जो चावल के आटे से बनाया जाता है। यह बहुत ही मुलायम होता है और मुँह में बताशे की तरह घुल जाता है। डम्प्लिग में जो मीठा मिक्स्चर भरा जाता है, उसे चाशनी, रेड बीन पेस्ट, काले तिल का पेस्ट या पीनट बटर मिलाकर तैयार किया जाता है। तांगयुआन का स्वाद बड़े ही कमाल का होता है। जब आप खाते हैं तो आपको एक अलग तरह की खुशी और तृप्ति का एहसास होता है। तांगयुआन पहले-पहल सांग राजवंश के ज़माने में बनाया गया था और तब इसे फुयुआनज़ी कहा जाता था। मज़े की एक बात और है कि उत्तरी चीन और दक्षिणी चीन में डम्प्लिग बनाने का न सिर्फ तरीका अलग-अलग है बल्कि उसमें स्वाद के लिए जो चीज़ें डाली जाती हैं वह भी

दक्षिणी चीन का तांगयुआन
मीठे पेस्ट को पानी डुबोना और चावल के आटे में रोल करना।
मीठे पेस्ट को आटे में रोल करना
चावल के आटे में मीठे पेस्ट की हाथ से स्टफिंग करना।
लोई में मीठा पेस्ट भरना
उत्तरी चीन का युआनशाओ

अलग-अलग होती हैं, फिर भी दोनों जगहों पर बनाए जाने वाले डम्प्लिंग के आकार और स्वाद में ज़्यादा फ़र्क़ नहीं होता। दक्षिणी चीन में डम्प्लिंग की हाथ से स्टफिंग की जाती है और इसको तांगयुआन कहा जाता है जबकि उत्तरी चीन में हाथ से स्टफिंग नहीं की जाती, वहाँ मीठे पेस्ट के छोटे-छोटे गोलों को पहले पानी में डुबोया जाता है फिर किसी बर्तन में रखे चावल के सूखे आटे में डालकर उसको हिलाया-डुलाया जाता है, जिससे चावल के आटे की परत उस पर चिपक जाती है, इसको युआनशाओ कहा जाता है। इन्हें बनाने का तरीका और नाम भले ही अलग-अलग हैं, लेकिन ये दोनों ही लोगों के आशीर्वाद और शुभकामनाओं के प्रतीक हैं।

कंदील उत्सव की रात, हरे जेड टेबल का गीत

सोंग युग के कवि शिन क़ीजी (1140–1207) द्वारा रचित कविता

एक रात बहती है पुरवाई और हज़ारों पेड़ फूलों से भर जाते हैं
और मूसलाधार बारिश ज़मीं को सितारों से सजा देती है।
शानदार घोड़े और सजी हुई बग्घियाँ गुजरती हैं और
रास्तों को खुश्बू से भर जाती हैं; बांसुरी से संगीत फूटता है;
और चाँद अपनी पूरी रोशनी बिखेर देता है और लोग
नाचते हैं मछली और ड्रैगन कंदीलों की रोशनी में पूरी रात।
सोने के धागों की बनी पोशाक में, मॉथ या विलो के आभूषण पहने,
खिलखिलाती हुई वह, अपने खुश्बू बिखेरती भीड़ में घुल जाती है
लेकिन मैं एक बार फिर भीड़ में यूँ ही ढूँढता हूँ उसे।
फिर अचानक मैं अपना सिर घुमाता हूँ तो पाता हूँ कि वह,
वहाँ है जहाँ पर कंदीलों की रोशनी मद्धम पड़ती जा रही है।

पहेली का सही जवाब है: व्हेल

तियानकांग उत्सव/कोठार पूरन उत्सव

प्राचीन समय में, लोग जीने के लिए पूरी तरह से खेती पर ही निर्भर थे, इसलिए स्वाभाविक रूप से वे अनुकूल मौसम और भरपूर फसल की कामना किया करते थे और इसके लिए अन्न देवता की पूजा किया करते थे। नये साल में अच्छी फसल हो और घर का कोठार (अन्न भंडार) हमेशा भरा रहे, इसके लिए हर साल पहले चन्द्रमास के 25वें दिन एक लोक उत्सव हुआ करता था, जिसे कोठार पूरन उत्सव या तियानकांग जी कहा जाता था। यह परम्परा आज भी बनी हुई है। तियानकांग उत्सव के दिन किसान अपने कोठार में अनाज भरते हैं और अन्न देवता को प्रसन्न करने के लिए चढ़ावा चढ़ाते हैं। कुछ जगहों पर लोग आज के दिन वसंत केक, पैनकेक और जियाओज़ी (चीनी डम्प्लिंग) भी खाते हैं।

कोठार पूरन उत्सव कभी पूरे देश में लोकप्रिय हुआ करता था, लेकिन अब इसका प्रचलन उत्तरी चीन में ही अधिक देखने को मिलता है। त्योहार के दिन उत्तरी चीन के विभिन्न भागों में, विशेष रूप से शांक्सी प्रांत में कई ख़ास तरह के पकवान बनाए जाते हैं।

तियानजिन में उबला चावल खाने और मछली का सूप पीने का रिवाज़ है

ऐसी मान्यता है कि मछली खाने से आदमी धनवान होता है और उसके घर में कभी अन्न की कमी नहीं होती, बल्कि हमेशा घर धनधान्य (धन और अन्न) से भरा रहता है। इस तरह मछली खाना सौभाग्य का प्रतीक माना जाता है।

बीजिंग में तवा पराठा (लाओबिंग) और चाइना बॉक्स में पका व्यंजन खाया जाता है

चाइना बॉक्स जिसे ला काजा कहा जाता है। यह दरअसल लकड़ी का बक्सा होता है जिसका भीतरी हिस्सा धातु से मँढा होता है। इसके अंदर मांस, सब्ज़ियाँ या दूसरी चीज़ों को रखा जाता है और उसके ऊपरी हिस्से पर लकड़ी के कोयले को जलाया जाता है, जिससे बक्से का अंदरूनी हिस्सा गर्म हो जाता है और उसी गर्मी से अंदर रखा गया मांस या दूसरी चीज़ें पकती हैं।

शांक्सी प्रांत के दक्षिण पूर्व इलाके में पीले चावल का केक खाया जाता है

चीनी भाषा में "केक" शब्द का उच्चारण "हाइ या उन्नत" के समान होता है। इस तरह पीले चावल के केक का मतलब हुआ कि ज़िन्दगी का स्तर और ऊँचा या और बेहतर होता जा रहा है।

पिंगयाओ में फैब्रिक सैशे

वसंत ड्रैगन उत्सव

"एर यू एर, लोंग ताई तोऊ"

चुनलोंग जी को चुनगेंग जी (वसंत जुताई उत्सव) भी कहा जाता है। वैसे यह "ड्रैगन के सिर उठाने का दिन" के रूप में ज्यादा मशहूर है। ऐसी मान्यता है कि दूसरे चन्द्रमास के दूसरे दिन, ड्रैगन किंग या सर्पराज अपना सिर ऊपर उठाता है। ड्रैगन किंग ही बादल और बारिश के लिए जिम्मेदार होता है। लोगों की ऐसी कामना रहती है कि उनके बड़े खलिहान अनाज से हमेशा भरे रहें और छोटे खलिहानों में भी अनाज लबालब भरा रहे। पारम्परिक रीति-रिवाज़ों का पालन करते हुए, आज के दिन लोग अपने बाल कटवाते हैं, ड्रैगन किंग को चढ़ावा या प्रसाद चढ़ाते हैं और भुने हुए मीठे सोयाबीन और स्प्रिंग पैनकेक्स खाते हैं।

अब सवाल उठता है कि यह त्योहार अस्तित्व में कैसे आया? किंवदंती है कि दूसरे चन्द्रमास के दूसरे दिन भगवान फुक्सी ने खुद अपने हाथों से खेतों की जुताई की थी ताकि लोग उनसे प्रेरित होकर सच्ची लगन और कड़ी मेहनत से खेती करें। इसके बाद से यह परम्परा सी बन गई। सभी सम्राटों ने इस दिन भव्य अनुष्ठान करना शुरू कर दिया। इस त्योहार को खेती के वार्षिक मौसम की शुरुआत का प्रतीक

वसंत ड्रैगन का त्योहार

वसंत पैनकेक
खाते लोग

मानते हुए राजाओं ने अपने अधिकारियों को हुक्म दिया कि वे जुताई उत्सव के दिन खुद भी खेतों में जाएँ और खेती से जुड़े काम करें। युआन राजवंश के शासनकाल (1271-1368) के दौरान "ड्रैगन के सिर उठाने का दिन" यानी ड्रैगन हेड-रेज़िंग डे को आधिकारिक तौर पर त्योहार के रूप में मान्यता मिली। बाद में अलग-अलग राजवंशों के शासनकाल में भी यह त्योहार मनाया जाता रहा, साथ ही इसमें और भी बहुत से रीति-रिवाज़ जुड़ते रहे।

इसे "एर यू एर, लोंग ताई तोऊ" क्यों कहा जाता है? क्योंकि एर यू एर या दूसरे चन्द्रमास का दूसरा दिन शुरुआती वसंत में पड़ता है, एक ऐसा समय जब सबकुछ जीवन में लौटता है, और यह खेतों की जुताई और बुआई के लिए भी अच्छा समय होता है। किंवदंती है कि ड्रैगन राजा भी इसी समय नींद से जगता है और बादल और बारिश को तैयार करने के लिए अपना सिर ऊपर उठाता है ताकि समय पर बारिश हो सके। इसके अलावा, चूँकि

बाल कटवाना

दूसरे चन्द्रमास का दूसरा दिन

तांगकाल के कवि बाई जुई (772–846) की एक कविता

पहली बारिश के थमते ही,
घास और सब्ज़े उगते हैं।
हल्के कपड़े पहने युवक पंक्ति में,
सड़क पार करते दिखते हैं।

प्राचीन पुस्तकों में

प्राचीन चीन में चुनलोंग जी

"दूसरे चन्द्रमास के दूसरे दिन, ड्रैगन राजा अपना सिर ऊपर उठाता है। तेल के साथ पैनकेक बनाने के लिए नए साल के दिन किए गए अर्पण अनुष्ठान (चढ़ावा) से बचे पराठों का उपयोग किया जाता है, और अपने बिस्तर के नीचे छिपे खटमलों को भगाने के लिए चीनी मगवॉर्ट जलाया जाता है। मगवॉर्ट के सुगंधित धुएँ से खटमल और दूसरे कीड़ों को भगाने को जुन चोंग'र कहा जाता है। पैनकेक की महक से ड्रैगन राजा को जगाया जाता है ताकि वह कीड़ों को डरा कर भगा सके, इसको यिन लोंग कहा जाता है।"

– मिंग राजवंश की पुस्तक सीनरी एंड इवेंट्स इन द कैपिटल से उद्धृत

"दूसरे महीने का दूसरा दिन मध्य सद्भाव (चुंग हो, इसलिए कहा जाता है क्योंकि यह वसंत के मध्य में आता है) का प्राचीन त्योहार है, जबकि आज के ज़माने में लोग इसे उस समय के रूप में जानते हैं जब ड्रैगन अपना सिर ऊपर उठाता है। यहाँ पर सिर उठाने का मतलब नींद से जागना है। इस दिन खाए जाने वाले केक को ड्रैगन-शल्क केक (लोंगजी बिंग) कहा जाता है, और जो नूडल्स इस दिन खाए जाते हैं उन्हें ड्रैगन-मूँछ नूडल्स (लोंग शू मिएन) कहा जाता है। इस दिन सिलाई-कढ़ाई का काम औरतें नहीं करतीं क्योंकि उन्हें डर रहता है कि कहीं ड्रैगन की आँखों में सुई न चुभ जाए।"

– क़िंग राजवंश की पुस्तक एनुअल कस्टम्स एंड फेस्टिवल्स इन पीकिंग से उद्धृत

कीड़े-मकोड़े भी सुप्तावस्था से जाग उठते हैं तो लोगों को ड्रैगन राजा से यह उम्मीद भी रहती है कि वह इन कीटों को भगाएगा, इनसे फसलों की रक्षा करेगा और अच्छी फसल होगी। इसी कारण से इसे "एर यू एर, लोंग ताई तोऊ" कहा जाता है।

चुनलोंग जी के बारे में एक और मिथक हैः तांग राजवंश (618-907) के दौर की घटना है। स्वर्ग में रहने वाले एक ताओ देवता जेड सम्राट को जब पता चला कि वू ज़ेतियान नाम की एक महिला सम्राट बन गई है तो वे क्रोधित हो उठे। उनकी निगाह में एक महिला का सम्राट बनना समाज के पतन की निशानी थी, इसलिए उन्होंने चार समुद्रों के ड्रैगन राजाओं को यह आदेश दिया कि तीन साल तक बारिश बिल्कुल भी नहीं होनी चाहिए।

चार ड्रैगन राजाओं में से एक, जिसका नाम जेड ड्रैगन था, उससे लोगों का यह दुख देखा नहीं गया। उसने चुपके से एर यू एर यानी दूसरे चन्द्रमास के दूसरे दिन बारिश करा

दी। जब जेड सम्राट को यह बात पता चली कि जेड ड्रैगन ने उसके आदेश का पालन नहीं किया है तो वह क्रोधित हो उठा और उसे एक स्मारक के बगल में एक पहाड़ के नीचे कैद कर दिया। स्मारक पर लिखा था कि "इस ड्रैगन राजा ने बिना अनुमति के बारिश करा के स्वर्ग के कानून की अवहेलना की है, इसलिए उसे कड़ी सजा दी जा रही है। जब तक गोल्ड बीन्स यानी सोने की फलियाँ नहीं खिलतीं, तब तक वह स्वर्ग में नहीं लौट सकता।" जब लोगों ने यह पढ़ा तो वे बहुत चिंतित हुए। एक दिन अचानक एक आदमी के मन में ख्याल आया कि मकई का दाना भी तो सुनहरे रंग का होता है, यह भी तो सुनहरी फलियों जैसा ही दिखता है और भुने जाने पर "खिल" जाता है। बात पूरे गाँव में फैल गई। सभी लोग इकट्ठा हुए और फिर सलाह-मशविरा के बाद अपने-अपने घर लौट गए। लोगों ने अपने-अपने घर पर मकई के दानों को "फूलने" यानी लावा बनने तक भूना। फिर सभी ने मकई के भुने दानों यानी लावों को एक मेज़ पर रखा और धूप (हवन सामग्री) जलाकर स्वर्ग को अर्पित किया। जब जेड सम्राट ने देखा कि हर घर में "सोने की फलियाँ खिली" हुई हैं तो उसके पास ड्रैगन राजा को रिहा करने के अलावा कोई दूसरा चारा नहीं बचा। तब से हर साल, एर यू एर यानी दूसरे चन्द्रमास के दूसरे दिन लोग ड्रैगन राजा की रिहाई के उपलक्ष्य में पॉपकॉर्न बनाते हैं, और तेल में सोयाबीन को भूनते हैं।

क्या चुनलोंग जी से जुड़े और भी पारम्परिक रीति-रिवाज़ हैं? हाँ, बिल्कुल हैं और इनके बारे में हम आपको आगे बताएँगे।

"वू ज़ेतियान ने हाइरार्की यानी धर्मसत्ता द्वारा स्थापित पदानुक्रम की सीमाओं का उल्लंघन किया है। सबको मेरा शाही फरमान सुना दोः चार समुद्रों के ड्रैगन राजाओं को आदेश दिया जाता है कि वे तीन साल तक पृथ्वी पर वर्षा न होने दें।"

जेड सम्राट

जेड ड्रैगन

सोयाबीन   मकई के दाने   पॉपकर्न

तली हुई सोयाबीन

सोयाबीन को पहले गरम तेल में भूना जाता है और फिर उसको चीनी की चाशनी में डुबोकर तैयार किया जाता है।

ड्रैगन राजा को प्रसाद चढ़ाना

लोग ड्रैगन राजा की पूजा करते हैं, उसको प्रसाद चढ़ाते हैं ताकि उसका आशीर्वाद बना रहे और फसल अच्छी हो, मौसम अच्छा रहे, साल अच्छा बीते, और वसंत की बारिश के बाद जब कीटों का प्रकोप बढ़े तो वह उनको नियंत्रित करे।

बाल कटवाना

एर यू एर यानी साल के दूसरे महीने के दूसरे दिन बाल कटवाने को ती लोंग तोऊ या ड्रैगन का हेयरकट भी कहा जाता है। लोग इस उम्मीद से अपने बाल कटवाते हैं कि ऐसा करने से पूरा साल सुख-सौभाग्य से बीतेगा।

वसंत पैनकेक

ड्रैगन-मूँछ नूडल्स

वसंत पैनकेक और ड्रैगन-मूँछ नूडल्स खाना

वसंत पैनकेक खाने को ची लोंग लिन या ड्रैगन का शल्क (स्केल) खाना भी कहा जाता है, जबकि ड्रैगन-मूँछ नूडल्स खाने को ची लोंग शू या ड्रैगन की मूँछ खाना भी कहा जाता है। दोनों ही प्रजा की रक्षा के लिए ड्रैगन राजा को जगाने के प्रतीक हैं।

फूल उत्सव

फूल उत्सव या फूलों का त्योहार (हुआझाओ जी), जैसा कि नाम से ही स्पष्ट है कि यह फूलों के मौसम में मनाया जाने वाला त्योहार है। ऐसी मान्यता है कि इस दिन बहुत से पेड़-पौधे एकसाथ सैंकड़ों फूलों को जन्म देते हैं। इस तरह यह सैंकड़ों फूलों का जन्मदिन हुआ। फूल उत्सव को फूलदेवी पर्व (हुआशेन जी) और सौ फूलों का जन्मदिन (बाइहुआ शेंगड़ी) भी कहा जाता है। यह त्योहार पूर्वोत्तर, उत्तरी, पूर्वी, मध्य और दक्षिणी चीन में कई जगहों पर काफी लोकप्रिय है, और यह आमतौर पर दूसरे चन्द्रमास के दूसरे, 12वें या 15वें दिन मनाया जाता है। त्योहार के दिन लोग खिले हुए फूलों को देखने, उनका आनंद लेने के लिए अपने दोस्तों और रिश्तेदारों के साथ ग्रामीण इलाकों में जाते हैं।

इस दिन लड़कियाँ पंचरंगी कागज को काटकर रिबन या फीते बनाती हैं और इन्हें फूलों की डाली पर बांधती हैं, जिसे शांगहोंग कहा जाता है। लड़कियाँ फूलदेवी की पूजा करती हैं और कुछ रस्म भी अदा करती हैं। रिवाज़ के मुताबिक फूल केक खाती हैं, फूल से जुड़ी कविताएँ गाने-सुनाने का खेल खेलती हैं और फूलदेवी से प्रार्थना करती हैं कि वह उन्हें भी फूलों की ही तरह खूबसूरत और कांतिपूर्ण बनाए।

शांगहोंग

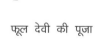

फूल देवी की पूजा

फूलों को निहारना

फूलों पर आधारित कविता गाने-सुनाने का खेल

चींगमिंग उत्सव/निर्मल प्रकाश उत्सव

वसंत मास के आख़री पन्द्रह दिनों में तापमान बढ़ने लगता है, बारिश भी ज्यादा होने लगती है, वातावरण बिल्कुल साफ़-सुथरा नज़र आता है और हवा भी स्वच्छ और ताजगी से भरपूर होती है। पेड़-पौधों के उगने-बढ़ने की रफ़्तार भी इस सौर अवधि में बढ़ जाती है। जैसा कि हमने इस पुस्तक की भूमिका में ही आपको बताया था कि चीनी चन्द्र कैलेंडर में कुल 24 सौरचक्र होते हैं। आप चाहें तो सौर चक्र को सौर अवधि भी कह सकते हैं। तो, वसंत महीने का अंतिम पन्द्रह दिन, दरअसल एक सौरचक्र है जिसे जीची कहा जाता है। वसंत के दौरान जिन फसलों की खेती होती है उसकी जुताई और बुवाई के लिए यह अच्छा समय माना जाता है। इस सौरचक्र को निर्मल प्रकाश या स्वच्छ चमक नाम दिया गया था और मूल रूप से इसका कृषि उत्पादन से बहुत ही नज़दीकी सम्बंध था। फिर सवाल उठता है कि आखिर यह त्योहार कैसे बन गया? जब आप इस प्रश्न के उत्तर की तलाश करेंगे तो पाएँगे कि इसके तार ठंडे या बासी भोजन (हानशी) उत्सव से जुड़ते हैं।

बासी भोजन उत्सव की कहानी बड़ी ही दिलचस्प है। कहा जाता है कि जी ज़ितुई को मियांशान पर्वत पर जलाकर मार दिया गया था। इस घटना का सम्बंध वसंत और शरद काल (770-476 ईसा पूर्व) से है। जिन राज्य का उत्तराधिकारी चोंग'र था। वह राजा बनने वाला था। लेकिन चीज़ें अचानक बदल गईं और उसे राज्य से निर्वासित कर दिया गया। चोंग'र की हालत बद से बदतर होती गई और वह दाने-दाने को मुहताज हो गया। वह भुखमरी के कगार पर जा पहुँचा था तब उसके वफादार अनुयायियों में से एक, जी ज़ितुई ने अपने शरीर से मांस काट कर उसका सूप बनाया और वही सूप पिलाकर उसकी जान बचाई थी। हालात फिर बदले और उन्नीस साल बाद, चोंग'र अपने राज्य लौटने और सिंहासन पर कब्जा करने में कामयाब रहा। और बाद में तो वह वसंत और शरद काल के पांच सबसे शक्तिशाली राजाओं में से एक बन गया था लेकिन जी ज़ितुई ने कभी भी उससे कुछ नहीं चाहा, न इनाम, न धन, न पद-कुछ भी नहीं। सेवानिवृत्त होने के बाद वह चुपचाप मियांशान पर्वत पर चला गया और वहीं रहने लगा। चोंग'र चाहता था कि जी वापस आ जाए और उसके साथ रहे। उसने जी को बहुत समझाया, धन और पद का लालच दिया, यहाँ तक कि उसे पहाड़ छोड़ने और वापस आने पर मजबूर करने के चक्कर में उसने मियांशान पर्वत के जंगल में आग तक लगा दी। लेकिन जी पर न तो लालच का असर

वसंत की बारिश में
तांगकाल के कवि दू मू (लगभग 803–852 ई.) द्वारा लिखी गई कविता

वसंत की बारिश तो रुकने का नाम ही नहीं लेती
राहगीरों के चेहरों पर छाई है उदासी और बेबसी
मैं एक चरवाहे लड़के से पूछता हूँ कि सराय कहाँ है,
वह हाथ के इशारे से दिखाता है मुझे कि कहाँ है सराय,
दिखता है बहुत दूर खुबानी के फूलों से घिरा एक गाँव

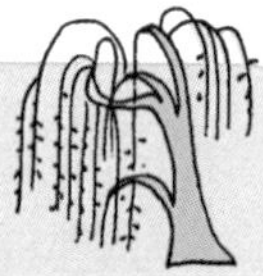

वैज्ञानिक दृष्टिकोण

निर्मल प्रकाश उत्सव कब मनाया जाता है ?

एक सौर अवधि के रूप में, निर्मल प्रकाश का दिन वसंत विषुव अर्थात स्प्रिंग इक्विनॉक्स की तिथि से निर्धारित होता है, जो पृथ्वी के घूर्णन के साथ बदलता रहता है। पृथ्वी अपनी धुरी पर 24 घंटे में नहीं बल्कि 23 घंटे 56 मिनट में एक बार घूमती है। यही कारण है कि हर चार साल में एक लीप दिवस होता है। लीप का अर्थ है-सौरचक्रों में समय का हल्का बदलाव। इस तरह वसंत विषुव 20 या 21 मार्च को आता है, फिर इसके 15 दिन बाद निर्मल प्रकाश का दिन होता है। अतः निर्मल प्रकाश उत्सव 4 से 6 अप्रैल तक किसी भी दिन पड़ सकता है। वैसे यह आमतौर से 5 अप्रैल को होता है। चलिए अब आप बताइए कि इस साल निर्मल प्रकाश या चींगमिंग उत्सव कब है?

पोलो खेलना

यह एक ऐसा खेल है, जिसमें खिलाड़ी घोड़े की पीठ पर सवार होकर मैदान में पड़ी गेंद को स्टिक से मारता है।

कूजू

जू का अर्थ है चमड़े से बनी गेंद। इस गेंद में पक्षियों के पंख भरे जाते हैं। कू का अर्थ है–पैर से मारना। इस तरह कूजू का अर्थ हुआ – गेंद को पैर से मारना। यह फुटबॉल जैसा खेल है।

पड़ा और न ही धमकी का। उसने तय कर लिया था कि वह किसी भी हालत में मियांशान पर्वत से बाहर नहीं आएगा। ऐसे हालात में वही हुआ जिसका डर था। जी ज़ितोई की आग में जलकर मृत्यु हो गई। उसका जला हुआ शव मियांशान पर्वत के जंगल में एक विलो वृक्ष के नीचे पड़ा था। चोंग'र जो नहीं चाहता था, वही हो चुका था। अब अफसोस के सिवा कुछ भी नहीं किया जा सकता था। अतः चोंग'र ने आदेश दिया कि जी की याद और सम्मान में हर साल इस दिन बासी भोजन उत्सव होगा।

चींगमिंग और हानशी – दोनों त्योहारों का समय आसपास ही पड़ता है। यही कारण है कि लोग अपने पूर्वजों की कब्रों की साफ-सफाई के दिनों को थोड़ा आगे तक बढ़ा देते थे ताकि निर्मल प्रकाश उत्सव भी साथ ही मना सकें। तांग राजवंश के शासनकाल में निर्मल प्रकाश या चींगमिंग उत्सव को आधिकारिक तौर पर त्योहार के रूप में मान्यता

मिली थी। हालांकि बाद में, सोंग और युआन (1271-1368) राजवंशों के शासनकाल में बासी भोजन उत्सव का स्थान निर्मल प्रकाश उत्सव ने ले लिया। निर्मल प्रकाश उत्सव में बासी भोजन उत्सव के रीति-रिवाज़ भी जोड़ दिए गए। इस तरह यह एक ऐसे पारम्परिक त्योहार के रूप में विकसित हुआ जिसमें पितरों को अर्पण और पूर्वजों के कब्रों की साफ-सफाई जैसी गतिविधियाँ प्रमुख थी। साथ ही इस दिन गाँव-देहात वाले इलाकों में सैर और सुकून के लिए जाना भी त्योहार का हिस्सा बना रहा।

आजकल, निर्मल प्रकाश उत्सव, ड्रैगन बोट उत्सव, वसंत उत्सव और मध्य-शरद उत्सव को सामूहिक रूप से चीन के शीर्ष चार पारम्परिक त्योहारों के रूप में जाना जाता है। लेकिन चींगमिंग यानी निर्मल प्रकाश उत्सव इनमें सबसे खास है क्योंकि यह आस्था और आनंद के मिलेजुले वातावरण का निर्माण करता है।

निर्मल प्रकाश उत्सव में कितने रीति-रिवाज होते हैं? जैसा कि कविता में कहा गया है, "वसंत में एक बार बारिश शुरू हो जाए तो रुकने का नाम ही नहीं लेती/बारिश में फंसे यात्रियों की हालत दयनीय हो जाती है।" इस दिन पूर्वजों की समाधि की साफ-सफाई

लिनआन* में बारिश के बाद

सोंगकाल के कवि लू योऊ (1125-1210) की कविता

दुनियादारी धुंध की तरह है, पतली और हल्की;
मैं इस राजधानी में बेवजह क्यों भटकता फिरूँ?
सराय में सारी रात बारिश की आवाज़ सुनता रहा;
सोचता रहा कि गली में खिले खुबानी कल कौन बेचेगा?
खिड़की के सामने खड़ा मैं चाय की चुस्कियाँ लेता
पतले कागज़ पर यूँ ही कुछ लिख देता हूँ उल्टा-पुल्टा
अपने सफेद कोट की धूल पर आहें भरता सोचता हूँ;
इससे पहले कि देर हो जाए, मुझे घर पहुँचना होगा।
देर होने से पहले चींगमिंग पर मुझे घर पहुँचना होगा।

* लिनआन सोंग राजवंश की राजधानी हुआ करती थी। अब यह हांगझोऊ शहर के नाम से जाना जाता है।

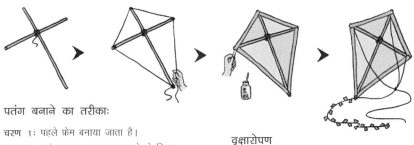

पतंग बनाने का तरीकाः

चरण 1ः पहले फ्रेम बनाया जाता है।

चरण 2ः पतंग का आउटलाइन बनाने के लिए फ्रेम के चारों कोनों से डोरी बाँधी जाती है।

चरण 3ः अब गोंद की मदद से फ्रेम पर कागज़ या पन्नी को चिपाकाया जाता है।

चरण 4ः उड़ाते समय पतंग को नियंत्रित करने के लिए उसके तीन कोनों पर धागा बाँधते हैं।

पतंग हुई तैयार, चलो उड़ाने चलते हैं!

पतंगबाज़ी

ऐसी परम्परा है कि आपकी पतंग जब आसमान छू रही हो, तब अगर आप डोर काट कर पतंग को आज़ाद कर दें तो आपको बीमारी से मुक्ति मिल जाती है और आपकी किस्मत चमक उठती है।

वृक्षारोपण

चींगमिंग यानी निर्मल प्रकाश उत्सव के समय, तापमान में बढ़ोतरी के साथ-साथ बारिश भी खूब होती है। ऐसे मौसम में पौधे लगाने से सूखने का डर कम रहता है और पौधा तेजी से बढ़ता भी है। इसी कारण, प्राचीन काल से ही इस मौसम में, खासतौर से चींगमिंग के दौरान, पेड़-पौधे लगाने का रिवाज चला आ रहा है।

करने और इस तरह उनके प्रति सम्मान का भाव प्रकट करने को सर्वोच्च प्राथमिकता दी जाती है। इसके अलावा, लोग सुखद वसंत का आनंद ले सकें, इसके लिए कई तरह की आउटडोर गतिविधियों को भी इस त्योहार से जोड़ा गया है।

ग्रामीण इलाकों में सैर-सपाटे के लिए जाना, झूले झूलना, पतंग उड़ाना, विलो की डालियों को ज़मीन में गाड़ना (यह अपशकुन को भगाने और अच्छे भाग्य या कामयाबी की कामना का प्रतीक है), पेड़ लगाना — यह सब प्राचीन गतिविधियाँ हैं जो आज भी लोकप्रिय हैं। प्राचीन चीनी लोग कूजू और पोलो भी खेलते थे। ऐसी मान्यता थी कि बासी भोजन उत्सव के दौरान बासी खाना खाने से जो नुकसान हो सकता था, कूजू और पोलो खेलने से वह नहीं होता है। साथ ही इस तरह का खेल खेलने से शरीर भी मज़बूत होता है।

ताचिंग

ताचिंग को ताचुन भी कहा जाता है। इसका शाब्दिक अर्थ है – वसंत में टहलने जाना। प्राचीन काल में इसे तानचुन (शाब्दिक अर्थ में "वसंत की खोज") और शुनचुन (शाब्दिक अर्थ में "वसंत के संकेतों की तलाश") भी कहा जाता था। उक्त सभी का अर्थ वास्तव में वसंत के आगमन पर ग्रामीण इलाकों में जाना या घूमना-फिरना है।

चाल्यो

झूला झूलना

41

शांगसी उत्सव

"नदी तट पर उत्सव मनाने का समय"

चीन के मध्यवर्ती इलाकों में प्राचीन काल से ही एक कहावत पीढ़ी-दर-पीढ़ी चली आ रही है। क्या आप जानना चाहेंगे कि वह कहावत क्या है? वह मशहूर कहावत है – "एर यू एर, लोंग ताई तोऊ; सान यू सान, शेंग जुआनयुआन।" इसका मतलब है – "दूसरे चन्द्रमास के दूसरे दिन ड्रैगन राजा, जो बादल और बारिश के लिए उत्तरदायी है, अपना सिर उठाता है। तीसरे चन्द्रमास के तीसरे दिन, पीले सम्राट का जन्म हुआ था।" इस तरह यह किंवदंती आम है कि तीसरे चन्द्रमास का तीसरा दिन वास्तव में पीले सम्राट का जन्मदिन है। पीले सम्राट की याद में उनके जन्मदिन पर जो उत्सव मनाया जाता है, उसी का नाम शांगसी उत्सव है। चीन के दूसरे पारम्परिक पर्व-त्योहारों के लिहाज से देखें तो यह उत्सव ज्यादा मशहूर नहीं है और चीन के कुछ ही इलाकों में यह मनाया जाता है।

शांगसी क्या है? प्राचीनकाल में चीनी लोग 10 दिव्य तनों और 12 सांसारिक शाखाओं की गणना प्रणाली का अपने चन्द्र कैलेंडर में उपयोग किया करते थे। तीसरे चन्द्रमास में सी (12 सांसारिक शाखाओं में से एक) के पहले दिन को शांगसी कहा जाता है। हानवंश

के शासनकाल में शांगसी को त्योहार के रूप में मान्यता मिली थी और तब से यह औपचारिक रूप से मनाया जाने लगा। वसंत का एक ऐसा दिन, जब सूरज की चमक से सबकुछ दमक रहा होता है, आड़ू के पेड़ फूलों से लदे होते हैं और विलो के पेड़ बिल्कुल हरे-भरे नज़र आते हैं, लोग रिवाज़ के मुताबिक नदी किनारे जाते हैं और पीले सम्राट की पूजा करते हैं, उनको बलि/प्रसाद चढ़ाते हैं और फिर नदी में हर्बल स्नान करते हैं। मान्यता है कि ऐसा करने से अपशकुन घटित नहीं होता, यानी जो कुछ भी अशुभ होने वाला होता है, इस अनुष्ठान से रुक जाता है। बाद में वेई और जिन राजवंशों के शासनकाल (220-420) के दौरान शांगसी उत्सव मनाने के तरीके में थोड़ा बदलाव आया। अब वसंत महीने के इस खास दिन लोग नदी तट पर जमा होते हैं, वहीं पर भोजन करते हैं, ड्रिंक पार्टी करते हैं और ग्रामीण इलाकों में सैर-सपाटा करते हैं।

ये रीति-रिवाज़ आखिर चलन में कैसे आए? आप शायद जानते होंगे कि सर्दी के जाने और वसंत के आने का समय सेहत की दृष्टि से अच्छा नहीं होता। मौसम में आने वाले बदलाव की वजह से हम आसानी से बीमार पड़ सकते हैं। प्राचीनकाल में आज जैसी स्वास्थ्य सुविधाएँ नहीं हुआ करती थीं। तब न आज जितनी उन्नत दवाइयाँ थीं और न ही डॉक्टर। ऐसे में सवाल उठता है कि बीमारियों से बचने के लिए वह क्या करते थे? पूजा करने, प्रसाद या बलि चढ़ाने जैसे प्रमुख अनुष्ठानों से पहले लोगों को उपवास रखना पड़ता था। इस दौरान वह न तो शराब पी सकते थे और न ही मांस खा सकते थे। साथ ही,

पीला सम्राट

यूपेटोरियम फॉर्च्यूनी

हर्बल दवा

सुगंधित धूप

औषधीय गुण वाली सुगंधित बूटियों (जिसे यूपेटोरियम फॉर्च्यूनी कहा जाता है) को पानी में उबाल कर, उस पानी से नहाना होता था। या फिर नदी में स्नान करते समय कुछ बूटियाँ हाथ में पकड़ कर रखनी होती थी। इसी को हर्बल स्नान कहा जाता था।

शास्त्रीय ग्रंथ झोउ के धार्मिक संस्कार (द राइट्स ऑफ झोउ) में लिखा है कि "चुड़ैल वार्षिक अनुष्ठान के लिए उत्तरदायी होती है और लोग अपशकुन से बचने के लिए सुगंधित धूप जलाते हैं या हर्बल स्नान करते हैं।" समय बीतने के साथ-साथ, नदी में स्नान करने और बलि या प्रसाद चढ़ाने जैसी गतिविधियाँ शांगसी उत्सव के रीति-रिवाजों में तब्दील हो

गईं और इन्हें फूशी कहा जाने लगा। फूशी का अर्थ है दुर्भाग्य, दुख-तकलीफ और बीमारी से बचने के लिए खुद को साफ़ और स्वच्छ करना और ईश्वर की कृपा बनी रहे, इसके लिए प्रार्थना करना।

बाद की पीढ़ियों ने इस त्योहार में कई दूसरी गतिविधियों को भी शामिल कर लिया, जैसे कि नदी किनारे खाना पीना, पार्टी करना, वसंत की सैर के लिए ग्रामीण इलाकों में जाना आदि। वेई और जिन राजवंशों के शासनकाल में, नदी किनारे बैठकर खाने-पीने से एक और नई प्रथा या खेल – कू शुई लियु शांग का विकास हुआ। शांग एक प्रकार का

वसंत की सैर
पूजापाठ

कू शुई लियु शांग

चषक या प्याला है जिसमें मादक पेय यानी शराब पी जाती है। यह खेल बड़ा ही दिलचस्प होता है। खेल में भाग लेने वाले लोग आड़ी-तिरछी बहने वाली छोटी नदी या नाले के इर्द-गिर्द बैठ जाते हैं। फिर शराब भरे प्याले को पानी की सतह पर रखा जाता है। प्याला बहता हुआ जिस किसी के सामने जाकर रुकता है, उसको वह शराब पीनी पड़ती है और आशु कविता (तत्काल तैयार की गई कविता) सुनानी होती है। अगर वह ऐसा नहीं कर पाता है तो "सज़ा" के तौर पर उसको तीन प्याला शराब और पीना पड़ता है।

यह न केवल अपशकुन या विपत्तियों को दूर भगाने और सुख-सौभाग्य पाने का दिन है, बल्कि यह एक ऐसा दिन भी है जब आप वसंत के साये में अपना पूरा दिन बिताते हैं। इस खास मौके पर जवान लड़के-लड़कियाँ ग्रामीण इलाकों की सैर पर निकलते हैं, नदी किनारे मौज-मस्ती करते हैं, एक-दूसरे पर पानी के छींटे उड़ाते हैं, और अपने सच्चे प्यार

46

चरवाहे का बटुआ (जीसाई)

शेफर्ड पर्स या
जीसाई

जीसाई के साथ
अंडे बनाना

शांगसी फेस्टिवल के साथ सबसे अच्छी बात यह है कि इसमें शेफर्ड पर्स यानी चरवाहे का बटुआ, जिसे चीनी भाषा में जीसाई कहा जाता है, खाने का रिवाज है। चरवाहे का बटुआ दरअसल सरसों की प्रजाति का साग है जो खाने में न सिर्फ स्वादिष्ट और पौष्टिक होता है, बल्कि यह कई बीमारियों, खास तौर से जुकाम के इलाज में भी कारगर होता है। मार्च महीने की शुरुआत में तोड़े जाने वाले चरवाहे के बटुए के पत्तों की गुणवत्ता सबसे अच्छी होती है और पारम्परिक चीनी चिकित्सा के अनुसार, सर्दी से छुटकारा पाने के लिए आप इसकी कच्ची पत्तियाँ भी खा सकते हैं। इसके अलावा, जीसाई (शुभ या मंगलप्रद साग) की तुकबंदी जूसाई (धन संचय) के साथ की जाती है, जो इस जड़ी-बूटी को सुख-सौभाग्य का अर्थ भी देते हैं।

को पाने की कामना करते हैं; और अगर सचमुच ऐसा हो जाता है, उन्हें अपना मनपसंद साथी मिल जाता है तो निशानी के तौर पर वे एक-दूसरे को पिआनी का फूल देते हैं। पिआनी लाल रंग का बड़े आकार का फूल है, जिसे प्यार का प्रतीक माना जाता है।

आजकल, शांगसी उत्सव के दिन लोग क्या करते हैं? लोग अपने शहर के बाहरी इलाकों में सैर-सपाटे के लिए जाते हैं, वहाँ पर पतंग उड़ाते हैं, जीसाई खाते हैं या जीसाई के साथ अंडा पकाते हैं। यह सचमुच बहुत ही अच्छा त्योहार है। हमें चाहिए कि हम इस पारम्परिक त्योहार को दिल से मनाएँ। यह हमें हमारी विरासत की याद दिलाते हैं।

तीसरे चन्द्रमास का तीसरा दिन

तांग काल के कवि बाई जुई की एक कविता

यह तीसरा दिन वसंत ऋतु के अंतिम चरण में आता है।
मैं भी पचास पार कर चुका हूँ, उम्र के अंतिम चरण में हूँ।
कोई साथी भी नहीं है पास कि कहीं घूम ही आऊँ साथ।
जानती है उदास नदी, मुझे अपनी नाव पर फिर से सवार होना है।

ड्रैगन नाव उत्सव

मगवॉर्ट और कैटेल इकट्ठा करने का दिन

पांचवें चन्द्रमास के पांचवें दिन दुआनवू मनाया जाता है। दुआन (端) का मतलब "शुरुआती या शुरू का" होता है और वू का अर्थ "पांच" है। इस तरह दुआनवू का मतलब "महीने के पहले पांच दिन" है। चीनी चन्द्र कैलेंडर में 10 दिव्य तनों और 12 सांसारिक शाखाओं की जो गणना प्रणाली है, उसके हिसाब से पांचवें (वू या 五) चन्द्रमास को वू का महीना (午) कहा जाता है। इस तरह, "端五" धीरे-धीरे अपने वर्तमान समनाम "端午" में विकसित हुआ है। दुआनवू के 20 से अधिक वैकल्पिक नाम हैं, जो किसी भी दूसरे पारम्परिक चीनी त्योहार की तुलना में कहीं ज्यादा हैं। इन नामों में दुआनयांग जी (端阳节, या दुआनयांग

उत्सव), चोंगवू जी (重五节, या दोहरा पांचवाँ दिन) और लोंगझोउ जी (龙舟节, या ड्रैगन नाव उत्सव) भी शामिल हैं।

ड्रैगन बोट फेस्टिवल या ड्रैगन नाव उत्सव मूल रूप से क़ू युआन की याद में मनाया जाता है। क़ू युआन दरअसल युद्धरत राज्यों के युग (475 ईसा पूर्व-221 ईसा पूर्व) में चू राज्य के वफादार अधिकारी और देशभक्त कवि थे। उन्होंने सुधार की वकालत की और क़िन राज्य की तरफ से जो खतरा मंडरा रहा था, उससे बचने के लिए क़ी राज्य के साथ रणनीतिक गठबंधन का प्रस्ताव रखा। हालाँकि, अभिजात वर्ग और राजनीतिक विरोधियों की साजिश के कारण चू के राजा ने उन्हें न सिर्फ पद से हटा दिया बल्कि उन्हें देश से भी निकाल दिया था।

क़ू युआन

सामान्य इतिहास

ड्रैगन नाव उत्सव और किसकी याद में मनाया जाता है?

वसंत और शरद काल (770-476 ईसा पूर्व) के अंत में, यू के वासल राज्य पर एक अन्य वासल राज्य वू ने हमला कर दिया। वू की सेना का नेतृत्व राजा फुचाई कर रहे थे। फुचाई की सेना से यू को मुँह की खानी पड़ी। वू राज्य के सेनापति और राजनेता वू ज़िक्सू ने तब राजा फुचाई को सलाह दी कि यू का पूरी तरह से सफाया कर देने में ही भलाई है लेकिन राजा इसके लिए राज़ी नहीं हुआ। इधर यू जो अपनी हार से घबराया हुआ था, उसने एक चाल चली। उसने राजा फुचाई की सरकार के प्रधानमंत्री को रिश्वत दी और फुचाई को कमज़ोर करने के लिए वू ज़िक्सू को रास्ते से हटाने को कहा। प्रधानमंत्री की साजिश कामयाब हुई और राजा फुचाई ने वू ज़िक्सू को आदेश दिया कि वह खुद अपने हाथों से अपनी जान ले ले। आत्महत्या करने से पहले वू ज़िक्सू ने अपने पड़ोसियों से कहा कि "मेरी मौत के बाद मेरी आँखों को राजधानी के पूर्वी द्वार पर लटका देना, ताकि मैं यू की सेना को राजधानी में प्रवेश करते और वू का सफाया करते देख सकूँ।" जब राजा फुचाई ने यह बात सुनी तो वह आगबबूला हो उठा। गुस्से में पागल राजा ने आदेश दिया कि वू ज़िक्सू के शरीर को एक चमड़े की बोरी में डाल कर नदी में बहा दिया जाए। वू ज़िक्सू के शरीर को चमड़े की बोरी में डाल कर जिस दिन नदी में बहाया गया, वह पांचवें चन्द्रमास का पांचवाँ दिन था। यही कारण है कि ड्रैगन नाव उत्सव के दिन वू ज़िक्सू को भी याद किया जाता है।

वू ज़िक्सू

278 ईसा पूर्व में, चू की राजधानी यिंग पर क़िन की सेना ने आक्रमण कर दिया। जब कू युआन को ख़बर मिली कि क़िन की सेना ने यिंग पर कब्ज़ा कर लिया है और चू के राजा की हार हुई है तो उन्हें बहुत दुख हुआ। सदमे की हालत में उन्होंने एक कविता लिखी, जिसका शीर्षक हुआइशा (रेत का आलिंगन) था, और फिर उसी दिन अपने शरीर से एक पत्थर बांध मिलुओ नदी में कूद गए और इस तरह उन्होंने आत्महत्या कर ली। यह घटना जिस दिन हुई, वह पांचवें चन्द्रमास का पांचवाँ दिन था।

हुआनशी शा की धुन पर ड्रैगन नाव उत्सव

रेशमी कपड़े धोने वाली नदी की रेत

सोंग काल के कवि सु शी द्वारा रचित कविता सी का एक अंश

थोड़ा सा पसीना भी हरे रेशमी चोग़े को भिगो देता है।
ख़ैर, दुआनवू हर्बल स्नान का दिन कल है तो कल ही होगा।
नहाने का सुगंधित, क्रीमी पानी सूरज सी दमकती नदी को ढक लेगा।
माणिक जैसी भुजा के चारों ओर पंचरंगी धागे लपेटे जाएँगे।
बालों के जूड़े में एक छोटा-सा ताबीज पिरोया जाएगा।
और फिर प्रार्थना की जाएगी कि मिले सच्चा प्यार
जो आजीवन बना रहे।

सु शी

पूरे चीन में किया जाता है दुआनवू भोजन

ज़ोंगज़ी

स्टिकी-राइस बॉल्स में अलग-अलग चीज़ें भरी जाती हैं और फिर इन्हें बांस के पत्तों में लपेटने के बाद उबाला जाता है।

दागा

पूर्वोत्तर चीन के जिलिन प्रांत में बनाया जाने वाला लसलसा राइस केक।

जियानदुई

दक्षिणपूर्वी चीन के फुज़ियान प्रांत में बनाया जाने वाला मीठे और नमकीन स्वाद वाला, गेहूँ और चावल के आटे से बना कुरकुरा तला हुआ गोल केक।

उबला हुआ लहसुन और अंडे

हेनान और झेजियांग प्रांतों में ड्रैगन बोट फेस्टिवल के दिन उबला हुआ लहसुन और अंडे खाने का रिवाज़ है।

धान के खेत की ईल मछलियाँ

मध्य चीन के जियानघान मैदानी इलाके में धान के खेतों से ईल मछलियाँ पकड़ी और खाई जाती हैं।

ड्रैगन कुलदेवता

सच तो यह है कि क्व युआन युग से बहुत पहले, प्रागैतिहासिक काल में ही ड्रैगन बोट रेसिंग या ड्रैगन नौका दौड़ और ज़ोंगज़ी की परम्परा ने आकार लेना शुरू कर दिया था। उस समय, ड्रैगन को अपना कुलदेवता मानने और उनकी पूजा करने वाले बाईयू लोग यांग्त्ज़ी नदी के दक्षिण में रहा करते थे। हर साल पांचवें चन्द्रमास के पांचवें दिन बाईयू लोग अपने कुलदेवता की पूजा किया करते थे। कुलदेवता की पूजा में कई तरह के कार्यक्रम आयोजित किए जाते थे, जैसे कि ड्रैगनों के देवता को चढ़ावे के तौर पर नदी में ज़ोंगज़ी फेंकना और पेड़ के खोखले तने से बनी डोंगी या नौका खेना। पूरी डोंगी पर ड्रैगन की नक्काशी की जाती है। परम्परा के मुताबिक इन्हीं डोंगियों पर सवार होकर लोग अपने दोस्तों और रिश्तेदारों से मिलने जाते हैं। क्व युआन की देशभक्ति से लोग इतने प्रभावित थे कि उन्होंने ड्रैगन बोट फेस्टिवल के साथ उन्हें भी याद करना शुरू कर दिया।

दुआनवू के दिन निभाए जाने वाले रीति-रिवाजों की सूची बहुत लम्बी है। ड्रैगन बोट रेसिंग और ज़ोंगज़ी के अलावा इस दिन घर के दरवाज़ों पर मगवॉर्ट और कैटेल के पत्ते लटकाने का भी रिवाज़ है। दुआनवू गर्मियों के मौसम में पड़ने वाला पहला त्योहार है और यही वह समय भी जब लोग बीमारियों की चपेट में आते हैं। प्राचीन काल में चीन के लोग मच्छरों, बीमारियों और बुरी आत्माओं को दूर भगाने के लिए मगवॉर्ट, कैटेल और अन्य जड़ी-बूटियों का इस्तेमाल किया करते थे।

रिअलगार वाइन (शिओंगहुआंग जू), एक खास तरह का चीनी मादक पेय यानी शराब है जिसको हुआंगजू (अनाज के दानों और लाल खमीर को फर्मेंट कर बनाई गई पीली शराब) या बाईजू (बिल्कुल साफ रंगहीन शराब) में रिअलगार पाउडर (लाल आर्सेनिक) मिलाकर तैयार किया जाता है। इस शराब को पीने से शरीर का निर्विषीकरण या डिटॉक्सिकेशन होता है और बीमार होने का डर नहीं रहता। बाघ के माथे पर जैसी धारियाँ बनी होती हैं, माँ-बाप अपने बच्चों के माथे पर वैसी ही धारियाँ बनाते हैं। बाघ के माथे पर बनी धारी का आकार बहुत हद तक चीनी अक्षर "王" जैसा होता है, जिसका अर्थ "राजा" होता है। चीनी संस्कृति में बाघ को "जानवरों के राजा" माना जाता है। ऐसा माना जाता है कि यह प्रतीक माथे पर अंकित करने से न केवल शरीर का डिटॉक्सिकेशन होता है बल्कि बुरी आत्माएँ भी दूर रहती हैं। क्या कभी दुआनवू की सुबह आपके माता-पिता ने आपकी कलाइयों पर पंचरंगा धागा बाँधा है? या ज़हरीले कीड़ों को भगाने और बीमारियों को आपसे दूर रखने के लिए आपको सुगंधित थैली (ज़ियांग्बाओ) पहनाई गई है, जिसमें कई तरह की पारम्परिक चीनी दवाएँ भरी रहती हैं?

कैटेल
आमतौर पर इस्तेमाल होने वाली पारम्परिक चीनी जड़ी-बूटियाँ
मगवर्ट
मच्छरों और अन्य कीटों और बुरी आत्माओं को भगाने के लिए
सुगंधित थैली (ज़ियांग्बाओ)
पंचरंगा धागा पहनना

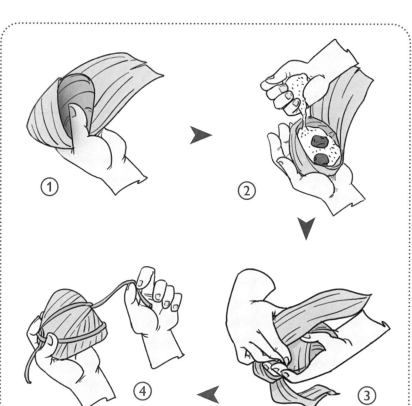

ज़ोंगज़ी बनाने का तरीका

चरण 1: बांस की दो पत्तियाँ लें। इन्हें एक साथ इस तरह मोड़ें की यह शंकु या कोन में तब्दील हो जाए।

चरण 2: अब इस कोन को फिलिंग से भरें, जो लसलसे चावल और बीन्स से तैयार किया गया है।

चरण 3: कोन को बंद करने के लिए पत्तियों को इस तरह मोड़ें कि वह खुलें नहीं।

चरण 4: सुतली से इसको लपेट दें ताकि ज़ोंगज़ी का शेप ख़राब न हो, फिर इसे 3-4 घंटे तक उबालें।

अब स्वादिष्ट ज़ोंगज़ी तैयार है और आप इसका मज़ा ले सकते हैं!

ग्रीष्म संक्रांति उत्सव

ग्रीष्म संक्रांति 20 से 22 जून के बीच होती है और यह चीनी इतिहास में सबसे पहले पहचाने जाने वाले सौरचक्रों में से एक है। इस दिन सूर्य अपनी अधिकतम ऊँचाई पर होता है, और यह सबसे लम्बा दिन भी होता है। यह ऐसा समय होता है जब तापमान में लगातार बढोतरी हो रही होती है, पेड़-पौधे फल-फूल रहे होते हैं, और किसान अपने खेतों की जुताई और निराई में व्यस्त होते हैं। प्राचीन चीन में इस मौके पर तीन दिन की आधिकारिक छुट्टी हुआ करती थी। बाद में यह पारम्परिक लोक उत्सव में बदल गया। ग्रीष्म संक्रांति के दिन उत्तरी चीन में लोग तिल की चटनी (लिआंगमियान) के साथ ठंडे नूडल्स तो दक्षिण चीन में लोग वॉनटन खाते हैं।

तिल की चटनी के साथ
ठंडे नूडल्स खाना

> चलो भोर में पवित्र कृपा मंदिर चलें और लिन जिफांग को विदा करें
>
> *यांग वानली*
>
> अब यह आता है, पश्चिमी झील पर, जून मध्य में,
> चारों मौसम में ऐसा अनूठा दूसरा कोई दृश्य नहीं।
> क्षितिज पर पर्ण-कमल, असीम हरे,
> कमल कलियों पर सूर्य का तेज, अनुपम लाल।

नवमी का ग्रीष्म संक्रांति गीत

पहली-दूसरी नवमी आते ही हाथों में दिखने लगता है पंखा।
तीसरी नवमी तक तो फिर भी कपड़ा ही सोख लेता पसीना।
चौथी नवमी आते-आते छतों से टपकने लगती है तपन।
पांचवीं नवमी में ढूँढे से भी घर में नहीं मिलती है ठंडक।
छठी नवमी में गर्मी कम होते ही मन होता है चंगा,
सुबह-सवेरे और रात में मौसम रहने लगता है ठंडा।
सातवीं नवमी आते-आते चादर की जगह ले लेती है दुलाई।
आठवीं नवमी में, बिस्तर पर जाते ही ओढ़नी पड़ती है रजाई।
नौवीं नवमी में, शुरू हो जाती है जाड़ों के कपड़ों की सिलाई।

तियानकुआंग उत्सव

तियानकुआंग उत्सव (तियानकुआंग का अर्थ है स्वर्ग से मिला उपहार या इनाम) छठे चन्द्रमास के छठे दिन पड़ता है, इसलिए इसको द्विषष्टम उत्सव या डबल सिक्स्थ फेस्टिवल भी कहा जाता है। इस त्योहार की शुरुआत सोंग वंश (960-1279) के सम्राट शेनज़ोंग ने की थी। सम्राट शेनज़ोंग का असली नाम झाओ हेंग था। एक साल की बात है, झाओ हेंग ने छठे चन्द्रमास के छठे दिन यह एलान किया कि ते स्वर्ग से उसे एक किताब तोहफ़े में मिली है। और इसी वजह से उसने उस दिन यानी छठे चन्द्रमास के छठे दिन का नाम तियानकुआंग रखा। इस दिन को उत्सव के रूप में मनाने के लिए उसने ताई पर्वत की घाटी में अवस्थित दाई मंदिर में तियानकुआंग मण्डप के निर्माण का आदेश दिया।

चीनी चन्द्र कैलेंडर के छठे महीने के छठे दिन, पूर्वी सागर के ड्रैगन राजा से कहा जाता है कि वह पानी से बाहर निकलें और अपने शल्कों को सुखाएँ। यही कारण है कि इस दिन लोग अपने कपड़ों को धोते-सुखाते हैं ताकि ड्रैगन राजा के आशीर्वाद का कुछ

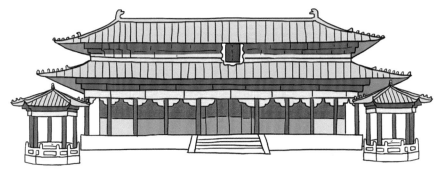

तियानकुआंग मंडप

अंश उन्हें भी मिल सके। इसलिए इस दिन को कपड़े सुखाने का दिन भी कहा जाता है। इस समय मौसम आमतौर पर बहुत गर्म होता है, और इसके बाद बरसात का मौसम आता है, जिसका मतलब है वातावरण में बहुत ज्यादा नमी का होना, जिसकी वजह से चीज़ों में आसानी से फफूंद लग जाती है। इसलिए इस दिन, चाहे राजमहल हो या साधारण लोगों का घर – सभी जगह चीजों को धो-पोंछ कर धूप में सुखाने का रिवाज है। इस दिन को कीड़ों को सुखाने का दिन भी कहा जाता है। यहाँ पर कीड़े सुखाने का मतलब कीड़ों को मारना है ताकि वह कपड़ों को नुकसान न पहुँचा सकें।

हान जातीय समूह के अलावा, जातीय अल्पसंख्यकों जैसे बुयी, झुआंग, मियाओ, याओ, शी और तिब्बती लोग भी इस उत्सव के दौरान विशेष गतिविधियों में भाग लेते हैं। इन आयोजनों में मियाओ का गो फॉर द सोंग फेस्टिवल, याओ का मिड-ईयर फेस्टिवल और कपड़े सुखाने का दिन, तिब्बतियों का जियांगलांग फेस्टिवल, मांचू इन्सेक्ट किंग फेस्टिवल और पांगु उत्सव के लिए बुयी लोगों की श्रद्धांजलि भी शामिल हैं।

छठे चन्द्रमास के छठे दिन को बौद्ध शास्त्रों के अनुसार बास्किंग डे (फान्जिग जी) या धूप में सुखाने का दिन के रूप में भी जाना जाता है। किंवदंती है कि बौद्ध भिक्षु जुआनज़ैंग भारत की तीर्थयात्रा पर आए थे, यहाँ से वापसी में वह अपने साथ बौद्ध धर्म से जुड़ी बहुत सी किताबें लेकर आ रहे थे, रास्ते में गलती से किताबें समुद्र में गिर गईं। उन्होंने बड़ी मुश्किल से किताबों को समुद्र में से निकाला और फिर गीली किताबों को धूप में सुखाया। उन्होंने जिस दिन गीली किताबों को धूप में सुखाया था, वह छठे चन्द्रमास का छठा दिन था। वर्षों बाद, इसी दिन, शाही दरबार ने सम्राट के प्रभावशाली ड्रैगन बागे (सभावस्त्र) को धूप में सुखाया, और धूप में चीज़ों को सुखाने की यह प्रथा धीरे-धीरे आम लोगों में फैलती चली गई।

धूप में किताबों को सुखाना

धूप में कपड़ों को सुखाना

चीशी उत्सव

अल्टेयर और वेगा नाम के सितारों को निहारना

चीशी उत्सव सातवें चन्द्रमास के सातवें दिन पड़ता है। यह वही समय होता है जब ग्रीष्म ऋतु शरद ऋतु में बदल रही होती है। रातें ठंडी होने लगती हैं और आसमान तारों से भर जाते हैं। सभी पारम्परिक चीनी त्योहारों में यह त्योहार सबसे रोमांटिक है। दरअसल, इस त्योहार का सम्बंध निउलांग (चरवाहा, जिसका प्रतीक अल्टेयर तारा है) और झिनू (बुनकर लड़की, जिसका प्रतीक वेगा तारा है) की पौराणिक प्रेम कहानी से है।

अल्टेयर को चीन में निउलांग तारा भी कहा जाता है।

किंवदंती है कि शी वांगमू (पश्चिम की रानी माँ) की पोती झिनू बुनाई में इतनी माहिर थी कि रंगीन बादलों की बुनाई भी आसानी से कर लेती थी। वह एक परी थी और स्वर्ग में रहती थी लेकिन उसको पृथ्वीलोक के एक मामूली चरवाहे निउलांग से प्यार हो गया। दोनों ने शादी कर ली। शादी के बाद झिनू ने एक बेटे और एक बेटी को जन्म दिया। जब रानी माँ यानी शी वांगमू को पता चला तो वह आपे से बाहर हो उठी। झिनू को वापस लाने के लिए उसने तुरंत ही स्वर्ग से कुछ सैनिक भेजे। जब स्वर्ग के सैनिक झिनू को वापस ले जा रहे थे, तब अपने जादूई बैल की मदद से निउलांग उनका पीछा किया। निउलांग के साथ उसके दोनों बच्चे भी थे, जिन्हें उसने बांस की टोकरियों में बिठा रखा था। जब शी वांगमू ने देखा कि निउलांग जल्दी ही झिनू को लेकर आ रहे दिव्य सैनिकों तक पहुँच जाएगा तो उसने फौरन अपने बालों में से एक हेयरपिन निकाला और आकाश में एक नदी बना दी, जो बाद में मिल्की वे या आकाशगंगा के नाम से जाना गया। निउलांग आकाश में बनी नदी को पार करने में असमर्थ था। अब वह अपनी झिनू को दूर से देखने के अलावा कुछ नहीं कर सकता था। पृथ्वी पर वास करने वाले नीलकंठ पक्षियों से निउलांग और झिनू की जुदाई देखी नहीं गई तो सभी ने मिलकर उस नदी पर एक जादूई पुल बनाने का फैसला किया और स्वर्ग की ओर कूच कर गए। नीलकंठ पक्षियों ने नदी पर जब जादूई पुल बना दिया तो अब निउलांग और झिनू को मिलने से रोकने का कोई दूसरा रास्ता शी वांगमू के पास नहीं बचा था, ऐसे में मन मारकर उसने दोनों प्रेमियों को मिलने की इजाजत दे दी। शी वांगमू ने कहा कि दोनों हर साल सातवें चन्द्रमास के सातवें दिन एक-दूसरे से मिल सकते हैं।

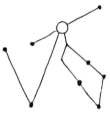

वेगा को चीन में झिनू तारा भी कहा जाता है।

65

यही कारण है कि प्राचीन काल में सातवें महीने के सातवें दिन की शाम को, लड़कियाँ आकाशगंगा की पूजा करती थीं और मौसमी फलों का प्रसाद चढ़ाती थीं। ऐसा करते समय वह झिनू से प्रार्थना करती थीं कि वह उन्हें ज्ञान और कौशल दे ताकि वह भी बुनाई-कढ़ाई में महारत हासिल कर सकें और इस तरह खुद को सशक्त बना सकें। इसीलिए चीशी उत्सव को चीचिआओ ("कशीदा कौशल सीखना") उत्सव भी कहा जाता है। चूँकि लड़कियाँ निउलांग और झिनू के सच्चे प्यार की मुरीद थीं, इसलिए वह अपना सच्चा प्यार पाने के लिए भी उनसे प्रार्थना करती थीं। चीशी उत्सव की इन गतिविधियों में पुरुष शामिल नहीं हो सकते थे। यह सिर्फ लड़कियों के लिए ही थीं। यही वजह है कि चीशी उत्सव को बालिका दिवस के रूप में भी जाना जाता है। खास तौर से जवान लड़कियों के लिए तो यही एकमात्र त्योहार है।

इस त्योहार से बहुत सी ऐसी गतिविधियाँ जुड़ी हुई हैं, जिनका सम्बंध चीचिआओ से है, जैसे कि सुई में धागा पिरोना, मकड़ियों से सौभाग्य पाना आदि।

सुई में धागा पिरोने की प्रतियोगिता

यह सबसे शुरुआती चीचिआओ गतिविधि थी। यह प्रतियोगिता बहुधा चाँदनी रात में होती थी और युवतियों का समूह एक जगह पर इकट्ठा होता था। लड़कियों को जो टास्क दिया जाता था, वह था-एक प्रयास में नौ सुइयों में धागा पिरोना। जो लड़की सबसे पहले सारे राउंड सफलतापूर्वक पूरा कर लेती थी, उसको देचिआओ ("फ़न में माहिर") की उपाधि से सम्मानित किया जाता था।

मकड़ियों से सौभाग्य पाना

चीशी उत्सव के दिन सभी लड़कियों को एक-एक मकड़ी पकड़नी होती थी और उसे एक छोटे से डिब्बे में बंद करके रखना होता था। अगले दिन डिब्बे को खोला जाता था और जिस लड़की के डिब्बे की मकड़ी ने जाला बुना होता था, उसे देचिआओ विजेता घोषित किया जाता था।

कुछ लड़कियाँ चीशी उत्सव की रात, अपने घरों में लगे अंगूर की लताओं या किसी अन्य फलदार पेड़ के नीचे बैठती थीं, ताकि निउलांग और झिनु के बीच की बातचीत "सुन" सकें। निउलांग और झिनू की बातचीत सुनने को "स्वर्ग के शब्दों को सुनना" कहा जाता है। ऐसी मान्यता थी कि जिस लड़की को कुछ सुनाई दे जाता है, उसकी ऐसी शानदार शादी होती है कि देखकर दूसरी लड़कियों को जलन होती है। समय के साथ चीचिआओ गतिविधियों में लड़कियों की दिलचस्पी कम होती चली गई, लेकिन मनपसंद साथी और सुखी वैवाहिक जीवन की चाह कभी कम नहीं होती। निउलांग और झिनू चूँकि सच्चे प्यार और सुखी दाम्पत्य के प्रतीक हैं, इसलिए हमारे दिलों में बसे हैं। चीशी उत्सव अब तेजी से "चीनी वेलेंटाइन डे" का रूप लेता जा रहा है।

स्वर्ग के शब्दों को सुनना

स्वादिष्ट श्याओगुओ

यह आटे या चिपचिपे राइस पाउडर से बनी एक स्वादिष्ट पेस्ट्री है जिसे बाद में तला या बेक किया जाता है।

चीचिआओ, सातवें चन्द्रमास का सातवाँ दिन

तांगकाल (618–907) के कवि लिन जी (831–847) की एक कविता

आकाश को निहारने का समय है आज की रात
निउलांग और झिनू का मिलन है आज की रात
आकाशगंगा पुल पर मिलेंगे दोनों आज की रात
बड़ा ही खूबसूरत नज़ारा दिखेगा आज की रात
हर परिवार निहारने में व्यस्त है शरद का चाँद
लाल धागों की कशीदाकारी में व्यस्त हैं हाथ

सामान्य इतिहास

चीशी उत्सव पर चीचिआओ का चलन कब से शुरू हुआ?

चीचिआओ का आरम्भ हान राजवंश (202 ईसा पूर्व-220 ईस्वी) के दौरान हुआ था। सबसे पहले पूर्वी जिन काल (317-420) में विद्वान जी होंग (283-363) ने पश्चिमी राजधानी (शीजिंग ज़ाइजी) के अपने विविध अभिलेखों में इसको जिक्र किया था। हान राजवंश के शासनकाल में राजमहल की नौकरानियाँ अक्सर एक अलंकृत भवन में जमा होतीं और कशीदाकारी प्रतियोगिता में भाग लिया करती थीं। शाही महल की इस परम्परा को बाद में आमलोगों ने भी अपना लिया। सोंग (960-1279) और युआन (1271-1368) राजवंशों के शासनकाल में, चीचिआओ की गतिविधियाँ और भी भव्य हो गईं। चीचिआओ से जुड़ी चीज़ों को बेचने के लिए एक विशेष बाजार भी हुआ करता था, जिसे चीचिआओ मार्केट कहा जाता था।

प्राचीनकाल के बुद्धिजीवी भी मनाते थे चीशी उत्सव

अट्ठाईस हवेलियों (चीनी तारामंडल का अंग) में सप्तर्षि (बिग डिपर) सबसे चमकीला है। क्रतु (दुभे) ही वह तारा है जो सप्तर्षि का नेतृत्व करता है और क्षितिज के ऊपर उत्तरपूर्वी चढ़ाई की ओर ले जाता है। चीनी भाषा में इसे कुइशिंग के नाम से जाना जाता है। ऐसी मान्यता है कि यह तारा परीक्षा के समय सौभाग्य लाता है। यह भी कह सकते हैं कि यह तारा भाग्योदय का प्रतीक है। यही कारण है कि प्राचीन चीन में जब कोई विद्वान उच्चतम स्तर की शाही सेवा में चयन के लिए परीक्षा देता था और सबसे ज्यादा अंक हासिल करने में कामयाब होता था तो इसे यी जू दुओ कुई या "एक ही झटके में कुइशिंग तारे को लपक लेना" कहा जाता था। उस ज़माने में विद्वान इसे किताबों को धूप में सुखाने का दिन या चीशी कुइशिंग उत्सव भी कहते थे। धूप में किताबों को सुखाने के इस उत्सव को शाइशू जी कहा जाता है। किंवदंती है कि यही वह दिन है जब ड्रैगन राजा अपने शल्कों को गर्माने के लिए पानी से बाहर निकलता है। यह दिन ऐसा होता है जब धूप बिल्कुल खिली-खिली होती है, लेकिन गर्मी ज्यादा नहीं होती। प्राचीन काल के विद्वान या छात्र, आनेवाली परीक्षा में अच्छे अंकों के साथ सफल होने की कामना करते हुए आज के दिन अपनी किताबों की साफ-सफाई करते हैं और उन्हें धूप में सुखाते हैं।

मध्य-शरद उत्सव

आठवें चन्द्रमास के पंद्रहवें दिन होने वाला पारिवारिक मिलन समारोह

आठवें चन्द्रमास का पंद्रहवाँ दिन शरद ऋतु (पतझड़) के बीच में पड़ता है, जिस कारण इस उत्सव का नाम मध्य शरद पड़ा।

मध्य शरद की पूर्णिमा हमेशा ही प्रियजनों के लिए अच्छी सोच और सुंदर भावनाओं का प्रतीक रही है। इस दिन चाँद बिल्कुल गोल और पूरा होत है। जैसा कि तांग काल (618-907) के कवि ली बाई (701-762) ने अपनी कविता रात की शांति में उभरे ख्याल में लिखा था, "मैंने अपना सिर ऊपर उठाया और चाँद को देखा। मैंने अपना सिर नीचे किया और मुझे अपने घर की याद आने लगी।" सोंग काल (960-1279) के कवि सु शी (1037-1101) ने अपनी कविता शुइतियाओकेतौ की धुन पर मध्य-शरद उत्सव में लिखा है:

"लेकिन मुकम्मल खुशी का मिलना दुर्लभ है–
चाँद कभी बढ़ता है, चाँद कभी घटता है,
जैसे लोग मिलते हैं और अलविदा कहते हैं।
मैं केवल प्रार्थना कर सकता हूँ कि हमारा जीवन लम्बा हो,
और हमारी आत्माएँ साथ–साथ स्वर्ग की ओर कूच करें!"

दोनों ही कविताएँ उत्कृष्ट हैं और घर से दूर रहने के कारण उपजी उदासी को स्वर देती हैं।

मध्य-शरद उत्सव परिवार के पुनर्मिलन का दिन है। प्राचीन समय में लोग चाहे जहाँ कहीं भी हों, इस दिन अपने प्रियजनों से मिलने, उनसे बातें करने और खुशी मनाने के लिए अपने-अपने घर ज़रूर ही लौट आते थे। अब ज़माना बदल चुका है लेकिन आज भी इस त्योहार के दिन अपनी सारी व्यस्तताओं को भूल, परिवार के सभी लोग इकट्ठा होते हैं और पूर्णिमा का आनंद लेते हैं। मौज-मस्ती करते हैं और मूनकेक खाते हैं।

चीन के पर्व-त्योहार

ऐसे कई रीति-रिवाज हैं जो प्राचीन काल से लेकर आज तक चले आ रहे हैं, जिनमें चन्द्रमा को प्रसाद चढ़ाना, चन्द्रमा को निहारना, मूनकेक खाना, सुगंधित ओस्मान्थस के पेड़ों पर खिलते फूलों को देखना और सुगंधित ओस्मान्थस से बनी शराब पीना शामिल है। मूनकेक मूल रूप से चन्द्र देवता को चढ़ाया जाने वाला एक प्रकार का प्रसाद था। मध्य-शरद उत्सव के मौके पर जब पूरा परिवार एक जगह जमा होता है तब चन्द्रमा को प्रसाद चढ़ाया जाता था और फिर सभी लोग मिल-बैठ कर मूनकेक खाते थे।

सुगंधित ओस्मान्थस
शराब पीना

चन्द्र देवता को प्रसाद चढ़ाना

पृथ्वी पर सुख-समृद्धि के लिए चन्द्र देवता से प्रार्थना करना।

खिलते हुए सुगंधित ओस्मान्थस वृक्षों को देखना

70

ऐसा कहा जाता है कि मध्य-शरद उत्सव में मूनकेक खाने की शुरुआत युआन राजवंश के शासनकाल (1271-1368) के अंत में हुई थी। यह वही समय था हान चीनी लोग युआन के शासन को खत्म करने की योजना बना रहे थे। मिंग राजवंश (1368-1644) के संस्थापकों में से एक लियू बोवेन को एक तरकीब सूझी और उसने यह अफवाह फैला दी कि जाड़े में प्लेग यानी महामारी आने वाली है और इससे बचने का यही उपाय है कि लोग मध्य-शरद उत्सव के दिन मूनकेक खाएँ। जो ऐसा करेगा वही उस महामारी से बच पाएगा। हालाँकि, बाद में, लोगों ने पाया कि जो मूनकेक उन्होंने खरीदे थे उसके अंदर कागज की एक पर्ची थी, जिस पर यह लिखा था कि "मध्य शरद की रात को, उत्तर से आए आक्रमणकारियों को मार डालो और विद्रोही सेना का स्वागत करो!" इस संदेश ने लोगों को मध्य-शरद उत्सव में एक विद्रोह की शुरुआत के लिए एकजुट होने में मदद मिली। यही वजह है कि तब से उस दिन मूनकेक खाना बड़ा ही महत्वपूर्ण रिवाज़ बन गया।

बीजिंग शैली के मूनकेक

सूझोउ-शैली के मूनकेक

कैंटोनीज़-शैली के मूनकेक

जब परिवार के लोग एक जगह बैठते हैं और फिर अपने सभी सदस्यों को देने के लिए मूनकेक को टुकड़ों में काटा जाता है तो उन लोगों के लिए भी केक के टुकड़े काटे जाते हैं जो किसी कारण वश वहाँ पर मौजूद नहीं होते। यह परिवार की एकता का प्रतीक है।

अब समय बहुत बदल गया है। लोगों की सोच में भी बड़ा बदलाव आया है। अब चन्द्र देवता को प्रसाद नहीं चढ़ाया जाता लेकिन जो दूसरे रीति-रिवाज हैं, जैसे कि पूर्णिमा के चाँद को निहारना और प्रियजनों के साथ मूनकेक खाना, वह आज भी हैं। मूनकेक बनाने की कई शैलियाँ हैं, जिनमें कैंटोनीज़-शैली के मूनकेक में फ्लफी भरावन की जाती है और इस पर एक पतली पपड़ी होती है। सूझोउ-शैली मूनकेक कुरकुरे होते हैं जिन पर पफ पेस्ट्री की पतली परतें चढ़ी होती हैं, और बीजिंग-शैली के मूनकेक अलग-अलग परतों वाले होते हैं। ये सभी देखने और स्वाद – दोनों में बेहतरीन होते हैं।

इसके अलावा, इस उत्सव से एक लोककथा भी जुड़ी हुई है। सूरज को तीर मारने वाले महान तीरंदाज़ होउ यी को सम्मानित करते हुए पश्चिम की रानी माँ शी वांगमू ने उसे अमरता की गोली यानी टिकिया दी थी। एक दिन, जब होउ यी शिकार के लिए घर से बाहर गया हुआ था तो उसके अधीनस्थ पैंग मेंग ने गोली चुराने की कोशिश की। होउ यी की पत्नी चांग'ई ने जब देखा कि वह अब किसी भी तरह इस गोली की हिफ़ाज़त नहीं कर सकेगी तो उसने गोली को निगल लिया। ऐसा करते ही चांग'ई चाँद की तरफ

हाथी की सवारी
करता तुअर यी

चीनी पौराणिक जीव चीलिन
की सवारी करता तुअर यी

तुम्बे की सवारी
करता तुअर यी

बाघ की सवारी
करता तुअर यी

हाथी की सवारी करता तुअर यी जीवन में सबकुछ के ठीक होने का प्रतीक है। बाघ की सवारी करता तुअर यी पेशे में कामयाबी और तरक्की का प्रतीक है। चीन के पौराणिक जीव चीलिन की सवारी करने वाला तुअर यी व्यापक ज्ञान का प्रतीक है। तुम्बे की सवारी करता तुअर यी भाग्य (फू) और समृद्धि (लू) का प्रतीक है।

उड़ चली। अफसोस की बात यह थी कि अब वह अपने पति को नहीं देख सकती थी, और उसका साथ देने के लिए वहाँ पर उसके पास केवल एक ओस्मान्थस का पेड़ और एक जेड खरगोश था। जब लोग मध्य-शरद उत्सव की रात को चाँद देखते हैं, तो उन्हें चांग'ई और होउ यी के बीच की प्रेम कहानी भी याद आती है।

मौसमी खिलौना है तुअर यी

तुअर यी बच्चों का एक पारम्परिक खिलौना है, इसे बीजिंग खिलौना भी कहा जाता है। यह मध्य-शरद उत्सव के आसपास बच्चों को दिया जाता है। यह दरअसल उस जेड खरगोश की नकल है जो चांग'ई के साथ चाँद पर गया था। इसे अलग-अलग चरित्रों के साथ कई अलग-अलग छवियों में डिज़ाइन किया गया था, जिनमें से प्रत्येक अलग-अलग अर्थों का प्रतीक है।

मीनार पर चढ़ना और वहाँ से मध्य-शरद की रात में चाँद को निहारना

सोंग काल के कवि मी फू (1051–1107) की कविता

चांदी जैसी रंगत वाले हुआई सागर को देखो
हज़ारों इन्द्रधनुष-जैसी रौशन किरनों के तले
सीपियाँ हैं जो मोतियाँ का पालन कर रही हैं
सांसारिक शिल्प कौशल से चन्द्रमा को यदि
सहेजा नहीं गया तो ओस्मान्थस की शाखाएँ
बढ़ती रहेंगी और जैसे ही मुड़ेंगी पश्चिम की ओर
पूर्णिमा के चाँद में कर देंगी छेद।

शुइतियाओकेतौ की धुन पर मध्य-शरद उत्सव
सोंग काल के कवि सु शी की कविता

अहा! कितना दुर्लभ चाँद है, बिल्कुल गोल और साफ़!
हाथ में प्याला लिए मैं नीले आकाश से पूछता हूँ,
"नहीं जानता कि तुम्हारे खगोलीय गोले में
इस उत्सव की रात को किस नाम से पुकारा जाता है?"
मेरा दिल तो करता है कि हवा पर सवार हो जाऊँ
और उड़ कर घर पहुँच जाऊँ लेकिन डर लगता है
आसमान में कहीं ज्यादा ठंड न हो,
जेड और क्रिस्टल हवेलियाँ कितनी ऊँची हैं! अपनी परछाई के आगे नाचते हुए,
मुझे अब नश्वर बंधन नहीं लगता।
वह सिंदूरी मीनार की परिक्रमा करती है,
रेशमी-परदों वाले दरवाज़े पर झुकती है,
उन पर चमकती है जो लेटे तो हैं लेकिन
आँखों में जिनके नींदें नहीं है।
वह हमसे कोई शिकायत क्यों नहीं करती,
हमारी जुदाई पर तो चमकती है, मिलन पर नहीं?
लेकिन मुकम्मल खुशी का मिलना दुर्लभ है-
चाँद कभी बढ़ता है, चाँद कभी घटता है,
जैसे लोग मिलते हैं और अलविदा कहते हैं।
मैं केवल प्रार्थना कर सकता हूँ कि हमारा जीवन लम्बा हो,
और हमारी आत्माएँ साथ-साथ स्वर्ग की ओर कूच करें!

चोंगयांग उत्सव

पहाड़ चढ़ो, दूर तक निहारो और झुयू पहनो।

चोंगयांग महोत्सव नौवें चन्द्रमास के नौवें दिन पड़ता है। आई चिंग के अनुसार नौ एक यांग संख्या है।

नौवें चन्द्रमास के नौवें दिन में दो यांग अंक होते हैं, इसलिए इसे चोंगयांग या दोहरा नौ कहा जाता है। इस दिन, पहाड़ पर चढ़ने, अपने पूर्वजों को चढ़ावा चढ़ाने, गुलदाउदी शराब पीने, झुयू ("茱萸", या कॉर्नस ऑफिसिनैलिस, एक प्रकार का डॉगवुड) पहनने और गुलदाउदी के फूलों को निहारने की प्रथा है। इसीलिए, इस दिन को पर्वतारोहण दिवस, बड़े-बुजुर्गों का दिन और गुलदाउदी उत्सव के रूप में भी जाना जाता है।

76

अपने गृहनगर में हुआन जिंग ने अमंगल से बचाव के लिए स्थानीय लोगों को डॉगवुड के पत्ते दिए और उन सभी को प्लेग से बचाने के लिए गुलदाउदी शराब का एक-एक घूंट भी पिलाया। इसके बाद हुआन जिंग ने उन्हें प्लेग रूपी शैतान से बचने के लिए पहाड़ों पर जाने को कहा, और वह खुद उससे लड़ने के लिए वहीं रुक गया। हुआन जिंग ने अंततः प्लेग रूपी शैतान को मार डाला। तभी से डॉगवुड पहनना, गुलदाउदी शराब पीना और पहाड़ों पर चढ़ना चोंगयांग उत्सव का सबसे महत्वपूर्ण अंग बन गया। ये वो रिवाज हैं जिनके बिना चोंगयांग उत्सव की कल्पना नहीं की जा सकती।

इसके अलावा, एक सीचिंग (हरियाली की विदाई) वाली कहावत भी मशहूर है जो नौवें चन्द्रमास के नौवें दिन पहाड़ चढ़ने और वहाँ से दूर तक देखने वाली कहावत से जुड़ी हुई है। चोंगयांग उत्सव शरद ऋतु में होता है, और त्योहार के बाद मौसम धीरे-धीरे ठंडा होने लगता है, और घास और पेड़-पौधे भी मुरझाने लगते हैं। इसलिए पहाड़ी पर चढ़ने या हाइकिंग को लोग सीचिंग भी कहते हैं। यह ताचिंग जैसा ध्वनित होता है। जैसा कि हमने पहले बताया है कि शुरुआती वसंत में लोग ग्रामीण इलाकों की सैर पर जाया करते

हैं। वसंत का आरम्भ होते ही मैदान हरियाली से भरने लगते हैं, पेड़-पौधों पर हरियाली उतरने लगती है और ऐसे मौसम में हरियाली का आनंद लेने के लिए ग्रामीण इलाकों में जाना पसंद करते हैं। शहर से दूर ग्रामीण इलाकों में हरियाली का आनंद लेने के लिए जाने को ताचिंग कहा जाता है।

चोंगयांग उत्सव के दौरान, लोग पारम्परिक भोजन करते हैं। यह पारम्परिक भोजन चोंगयांग केक है। लोग चोंगयांग केक क्यों खाते हैं?

ऐसी मान्यता है कि ऐसे इलाके जहाँ पर पहाड़ियाँ नहीं हैं, वहाँ के लोगों ने पहाड़ी पर चढ़ने के प्रतीक के रूप में केक खाने की परम्परा शुरू की, क्योंकि "केक" और "ऊँचाई" के लिए चीनी भाषा में जो अक्षर हैं, दोनों का उच्चारण एक ही है, "गाओ"। इस लिहाज से देखें तो केक खाने का मतलब "कदम-दर-कदम ऊपर चढ़ना या तरक्की करना" है।

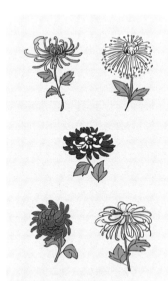

किस्म किस्म के गुलदाउदी

गुलदाउदी को चार सज्जन पौधों में से एक के रूप में जाना जाता है। इसमें गुलदाउदी के अलावा बेर के फूल, ऑर्किड और बांस भी शामिल हैं। गुलदाउदी ठंड और भारी बर्फबारी का भी सामना करने में सक्षम हैं।

बादाम   लाल खजूर

सूखे मेवे   छोटे अखरोट
लाल राजमा

चूँकि केक विशेष रूप से चोंगयांग उत्सव पर खाया जाता है, इसलिए इसे अक्सर चोंगयांग केक कहा जाता है। इसे कभी-कभी हुआगाओ (फूलों का केक) या फागाओ (किण्वित या फर्मेन्टेड केक) भी कहा जाता है। इसे चावल और सोयाबीन पाउडर के साथ आटे को फर्मेन्ट या किण्वित करके बनाया जाता है, इसमें सूखे फल और मेवे जैसे खजूर, अखरोट और बादाम मिलाए जाते हैं और फिर चीनी के साथ भाप पर पकाया जाता है। इसको बनाने का जो तरीका है वह चीनी न्यू ईयर स्वीट, स्टिकी केक, नियानगाओ बनाने की विधि के समान है। चोंगयांग केक आमतौर पर बुजुर्गों के सम्मान में बनाया जाता है लेकिन यह यह मीठा और स्टिकी स्नैक बच्चों को ज्यादा पसंद है।

डoगवुड थैली

झुयू, या कॉर्नस ऑफिसिनैलिस, एक प्रकार का डॉगवुड

यह एक सदाबहार सुगंधित पौधा है। यह चीन में बड़ी मशहूर जड़ी-बूटी है जिसका इस्तेमाल कीड़ों को मारने और कीटाणुशोधन या डिसइन्फेक्शन में किया जाता है। यह जड़ी-बूटी सर्दी से बचाव और बैक्ट्रिया, वायरस आदि से शरीर को मुक्त रखने में भी बहुत कारगर है। तांग और सोंग राजवंशों के शासनकाल के दौरान, चोंगयांग के दिन सार्वजनिक अवकाश रहता था। अब तक डॉगवुड पहनना बहुत ही लोकप्रिय रिवाज बन चुका था। महिलाओं और बच्चों को अपनी बाहों या सिर पर डॉगवुड की डालियाँ बांधना पसंद था। लोग डॉगवुड के बीजों को छोटी सी थैली में भर कर अपनी कमर या गले में डाल लिया करते थे ताकि वह उनके शरीर से सटी रहे। डॉगवुड के बीजों से भरी इस सुगंधित थैली को झुयू दाई कहा जाता है। ऐसा माना जाता है कि चोंगयांग उत्सव के दौरान डॉगवुड पहनने से बुरी आत्माएँ और बीमारी, महामारी जैसी आपदाएँ दूर रहती हैं। यही कारण है कि डॉगवुड को "बुरी आत्माओं से बचाने वाला कवच" भी कहा जाता है।

सामान्य ज्ञान

चोंगयांग उत्सव को बुजुर्ग दिवस क्यों कहा जाता है?

चोंगयांग में चूँकि दो यांग या नौ होता है और चीनी भाषा में शांति और दीर्घायु के अर्थ वाले शब्दों का उच्चारण और "दोहरे नौ" का उच्चारण एक ही होता है-जिउजिउ। सम्भवतः इसी वजह से चोंगयांग के दिन लम्बी उम्र की कामना करने या प्रार्थना करने का भी रिवाज है। आधुनिक समय में, चोंगयांग उत्सव को चीन में बुजुर्ग दिवस के रूप में मनाया जाता है, और इसे 2006 में एक राष्ट्रीय अमूर्त सांस्कृतिक विरासत के रूप में सूचीबद्ध किया गया था।

पर्वतारोहण दिवस पर भाइयों की याद आती है
तांग काल के कवि वांग वेई (701–761) की एक कविता

विदेश में अजनबियों सी ज़िन्दगी जीता अकेला मैं,
छुट्टी के दिन अपने घर-परिवार की याद में तड़पता हूँ।
बाकी दिन तो काम की आपाधापी में खोया रहता हूँ,
लेकिन त्योहार के दिन अपनों की बहुत खलती है।
मुझे पता है मेरे भाई हाथों में डॉगवुड की टहनियाँ लिए,
पहाड़ पर चढ़ रहे होंगे और मुझे बहुत याद करते होंगे।

शीतकालीन संक्रांति

जियाओज़ी खाने का मौसम

शीतकालीन संक्रांति 24 चीनी सौरचक्रों में से एक है। इस दिन, सूर्य सीधे मकर रेखा पर चमकता है। इस दिन, उत्तरी गोलार्ध में वर्ष की सबसे लम्बी रात होती है और सबसे छोटा दिन होता है। आप जितना अधिक उत्तर की ओर बढ़ते हैं, दिन का प्रकाश उतना ही कम होता जाता है। शीतकालीन संक्रांति का कोई निश्चित दिन या समय तय नहीं है, लेकिन आम तौर पर यह 21 से 23 दिसंबर के बीच किसी दिन पड़ती है। इस तरह, समय की दृष्टि से यह एक "लचीला त्योहार" है। चींगमिंग उत्सव की भी कोई एक निश्चित तिथि नहीं होती, वह सामान्यतः 4 से 6 अप्रैल के बीच किसी दिन पड़ सकता है।

बाद में लोग शीतकालीन संक्रांति को सर्दियों का त्योहार कहने लगे। सरकार की तरफ से भी इस मौके पर समारोह का आयोजन किया जाने लगा। बाद के हान काल के दौरान लिखी गई एक किताब में यह लिखा है कि "शीतकालीन संक्रांति से पहले और बाद में, सम्राट का स्वभाव बिल्कुल सहज और शांत हुआ करता था; सरकारी अधिकारी अपने औपचारिक कामकाज बंद कर देते थे; दरबार नहीं लगता था; सभी चीजें बाद के लिए स्थगित कर दी जाती थीं।" इसका मतलब यह है कि शीतकालीन संक्रांति का दिन अधिकारियों और आम जनता, दोनों के लिए अवकाश का दिन होता था।

सोंग राजवंश के शासनकाल (960–1279) के दौरान भी शीतकालीन संक्रांति के अवसर पर छुट्टी का रिवाज जारी रहा। बाद में धीरे-धीरे शीतकालीन संक्रांति के दिन अपने पूर्वजों और देवताओं की पूजा करने का चलन शुरू हुआ। उत्तरी चीन में शीतकालीन संक्रांति के दिन जियाओज़ी खाना जरूरी माना जाता है। बहुत से बच्चों को यह बात पता है कि अगर आप उस दिन जियाओज़ी नहीं खाते हैं तो ठंडा होने पर आपके कान बंद हो जाएँगे! आखिर इस कहावत के पीछे की कहानी क्या है?

शीतकालीन संक्रांति के दिन तुम्हें जियाओज़ी ज़रूर खाना चाहिए वरना...

तुम्हारे कान के ठंड से जम जाने का खतरा है!

किंवदंती कुछ इस तरह है कि पूर्वी हान राजवंश के शासनकाल (25-220) के दौरान एक बार सर्दियों के मौसम में, वैद्य झांग झोंगजिंग ने पाया कि कई स्थानीय लोगों के कान अचानक सुन्न पड़ गए थे। तब उन्होंने उनके इलाज के लिए शीतकालीन संक्रांति के दिन एक बड़े से भगोने में "ठंड-निवारक जियाओ'र सूप" बनाया। इस सूप में जियाओ'र (कान के आकार में काटे गए मटन के टुकड़ों और काली मिर्च से बने भरावन या फिलिंग को गेहूँ के आटे की लोई में भरकर तैयार की गई डम्प्लिग) डाले गए थे। सभी बीमार लोगों को एक कटोरा शोरबा और दो जियाओ'र खाने के लिए दिया गया, और इससे उनके शीतदंश यानी बहुत ज्यादा ठंड की वजह से सुन्न पड़ गए कान ठीक हो गए। तभी से यह कहावत चली आती है कि शीतकालीन संक्रांति पर अगर आप जियाओज़ी खाएँगे तो आपके कान जमने से बच जाएँगे।

शीतकालीन संक्रांति उत्सव के दिन स्वर्ग को बलि अर्पित करने का भव्य अनुष्ठान

शीतकालीन संक्रांति के दिन स्वर्ग को प्रसाद चढ़ाने की यह प्रथा हान राजवंश (202ईसा पूर्व-220ईस्वी) के सम्राट वू के शासनकाल से पहले की है। अनुष्ठान आमतौर पर सम्राट द्वारा आयोजित किया जाता था, जो स्वर्ग का पुत्र था। अपनी प्रजा की तरफ से सम्राट अपने साम्राज्य में शांति और समृद्धि के लिए स्वर्ग से प्रार्थना करता था। मिंग (1368-1644) और किंग (1636-1912) राजवंशों के दौरान, प्रत्येक वर्ष शीतकालीन संक्रांति के दिन स्वर्ग को बलि अर्पित करने के लिए सम्राट युआनिचउ वेदी पर जाते थे। वेदी गोलाकार होती थी। उन्होंने इसके लिए स्वर्ग के मंदिर का निर्माण भी कराया था।

कुछ जगहों पर चीनी नववर्ष की पूर्व संध्या और नववर्ष की सुबह जियाओज़ी खाने का भी रिवाज है। पुराने चीनी चन्द्रवर्ष का अंतिम दिन और नये चन्द्रवर्ष के पहले दिन का जिस समय संगम होता है (जैसे ग्रेगोरियन कैलेंडर में 31 दिसंबर की आधी रात का समय) उस समय जश्न मनाया जाता है और जश्न के दौरान जियाओज़ी खाई जाती है। ऐसा इसलिए कि जियाओज़ी शब्द का चीनी भाषा में जो उच्चारण है, उसी उच्चारण के साथ एक अन्य शब्द भी है जिसका शाब्दिक अर्थ होता है "रात 11 बजे से सुबह 1 बजे तक की संगम अवधि।" उन्हें नये साल के दिन ठंड से सुन्न पड़े कानों के ठीक होने का जश्न मनाने के लिए खाया जाता है।

चिपचिपा राइस केक

रेड बीन्स और चावल की गीली खिचड़ी

मुआह ची, एक प्रकार का मीठा गीला चावल

पंखुड़ियों की रंगसाज़ी

शीतकालीन संक्रांति के दिन जहाँ उत्तरी चीन में लोग जियाओज़ी खाते हैं वहीं यांग्त्ज़ी नदी के निचले इलाकों के दक्षिण में रहने वाले लोग इस दिन रेड बीन्स या लाल सेम और चावल की बनी खिचड़ी खाते हैं। इसी तरह, ताइवान में लोग चिपचिपे राइस केक खाते हैं, जबकि सूझोउ में लोग विंटर वाइन पीते हैं और झेजियांग में लोग मुआह ची खाते हैं।

वूहोउ, या फेनोलॉजी, पेड़-पौधे और पशु-पक्षियों के जीवन के चक्रीय और मौसमी परिवर्तनों को संदर्भित करता है। पारम्परिक चीनी कैलेंडर के अनुसार शीतकालीन संक्रांति के तीन होउ होते हैं: प्रत्येक होउ पांच दिनों की अवधि का होता है। पहले होउ में केंचुए कुंचित (कर्ल) होते हैं, दूसरे होउ में मिलु हिरण (पेरे डेविड हिरण) के सींग गायब हो जाते हैं और तीसरे होउ में पहाड़ से झरना बहने लगता है। इसका मतलब यह है कि अगर आप बहुत सारे केंचुओं को पृथ्वी के नीचे हाइबरनेट करने के लिए आपस में गूँथते और गुच्छ बनते हुए देखते हैं, तो यह शीतकालीन संक्रांति के आने और दिन के और अधिक ठंडा होते जाने का संकेत है।

छोटी-छोटी स्मृतियाँ

नाइन-बाय-नाइन विंटर डायग्राम

प्राचीन काल में अपने घरों को गर्म या वातानुकूलित रखने की कोई व्यवस्था नहीं थी। आज की तरह कोई सेंट्रल हीटिंग या एयरकंडिशनिंग सिस्टम नहीं था। ऐसे में उस ज़माने में जाड़े का समय बड़ा ही तकलीफदेह हुआ करता था। लोग एक-एक दिन गिनते थे कि जाड़ा बीतने में अभी कितना वक़्त है। शीतकालीन संक्रांति के बाद 81 दिनों तक जाड़ा रहता था। इसलिए उस ज़माने में कागज पर नौ-बाय-नौ का शीत आरेख या विंटर डायग्राम बनाने की एक लोकप्रिय प्रथा थी। यह आरेख एक प्लम (आलूबुखारा) की शाखा के आकार का होता है जिसमें नौ फूल होते हैं; प्लम के हर एक खिले फूल में नौ पंखुड़ियाँ होती हैं, इस तरह डायग्राम में कुल 81 पंखुड़ियाँ होती हैं और हर एक पंखुड़ी एक दिन को दर्शाती है, अर्थात 81 पंखुड़ियों का मतलब हुआ 81 दिन। शीतकालीन संक्रांति से लेकर अगले 81 दिनों तक रोज़ाना एक-एक पंखुड़ी को लाल रंग से रंगा जाता है। जिस दिन यह तस्वीर पूरी हो जाती है, वही जाड़े का अंतिम दिन होता है। जब अगली शीतकालीन संक्रांति आए तो आप भी अपना विंटर डायग्राम बना सकते हैं और हर दिन एक पंखुड़ी को रंगने की कोशिश भी कर सकते हैं।

लाबा पर्व

लाबा के बाद अब समय है नया साल
(चीनी चन्द्र नववर्ष) मनाने का

चन्द्र कैलेंडर के 12वें महीने के आठवें दिन पारम्परिक लाबा पर्व मनाया जाता है। इस महीने को ला महीना क्यों कहा जाता है, इसको लेकर तीन सिद्धांत है। सबसे पहला, सुई की किताब संस्कार ग्रंथ के अनुसार ला का अर्थ है "जोड़ना", और यह महीना सर्दियों को वसंत से जोड़ता है। दूसरा, चीनी अक्षर ला (腊) के बायें हिस्से का अर्थ मांस होता है, जो यह दर्शाता है कि शीत ऋतु में मांस का उपयोग बलि चढ़ाने के लिए किया जाता है। तीसरा, ला शब्द का प्रयोग रोगों को दूर भगाने और वसंत ऋतु को गले लगाने के लिए भी किया जाता है, इसलिए ला महीना चन्द्रवर्ष के अंतिम महीने को सन्दर्भित करता है। 12वें चन्द्रमास के आठवें दिन जो त्योहार मनाया जाता है, उसे लाबा पर्व के नाम से जाना जाता है।

लाबा पर्व का इतिहास बहुत पुराना है। यह प्रागैतिहासिक रीति-रिवाजों से उत्पन्न हुआ है, जिसमें पूर्वजों और देवताओं की पूजा की जाती थी और भरपूर फसल और सुख-समृद्धि के लिए प्रार्थना की जाती थी। उत्तरी और दक्षिणी राजवंशों के शासनकाल (420-589) के दौरान, हान जाति के लोग 12वें चन्द्रमास के आठवें दिन बड़े पैमाने पर शिकार खेला करते थे और उस दिन वे जिन जानवरों का शिकार करते थे, उनकी बलि अपने पूर्वजों और

देवताओं को दिया करते थे। वे ऐसा इसलिए करते थे ताकि उनके पूर्वज और देवता बलि पाकर खुश हो जाएँ और उनके सारे दुख-तकलीफ़ दूर कर दें और इस तरह आने वाले साल में रोटी-कपड़ों की कोई दिक्कत न रहे। यह उस समय की बात है जब इस पर्व के लिए 12वें चन्द्रमास का आठवाँ दिन निर्धारित हो चुका था। हालांकि अब समय बदल गया है, लोग अब बलि चढ़ाने के लिए शिकार नहीं करते, लेकिन वे आज भी अपने पूर्वजों और देवताओं को प्रसाद चढ़ाते हैं, साल की छोटी-बड़ी घटनाओं पर चर्चा करते हैं, और अच्छी पैदावार की खुशी एक-दूसरे से साझा करते हैं। इस तरह, हम कह सकते हैं कि लाबा पर्व साल के अंत में अपने पूर्वजों को याद करने और उनके लिए बलि देने का त्योहार है। यह पुराने साल की विदाई और नये साल के स्वागत का त्योहार है।

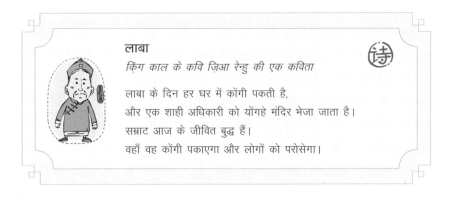

लाबा

क़िंग काल के कवि ज़िआ रेन्हु की एक कविता

लाबा के दिन हर घर में कोंगी पकती है,
और एक शाही अधिकारी को योंगहे मंदिर भेजा जाता है।
सम्राट आज के जीवित बुद्ध हैं।
वहाँ वह कोंगी पकाएगा और लोगों को परोसेगा।

शिकार करते लोग

बहुत से लोग लाबा पर्व को लाबा कोंगी और लाबा लहसुन (सिरके वाला लहसुन) के साथ जोड़ते हैं। बहुत से लोग अपनी पुरानी यादों को ताज़ा करते हुए कहते हैं कि इस खास दिन उनकी माँ कई प्रकार के अनाजों को मिलाकर लाबा कोंगी पकाया करती थी, जिसका स्वाद आज भी याद है। वह लाबा कोंगी न सिर्फ मीठी हुआ करती थी, बल्कि खाने में बहुत सॉफ्ट या नरम हुआ करती थी। अब सवाल उठता है कि आखिर लबा कोंगी का रिवाज कहाँ से आया? तो इसका सीधा सा जवाब यह है कि इसकी शुरुआत एक बौद्ध कथा से मानी जाती है।

बलि चढ़ाना

किंवदंती के अनुसार, बुद्ध शाक्यमुनि, जिन्हें बौद्ध धर्म के संस्थापक गौतम बुद्ध के नाम से भी जाना जाता है, प्राचीन भारत में एक राजकुमार थे। छह साल की कठिन तपस्या के बाद उन्हें बुद्धत्व की प्राप्ति हुई थी। ...तो यह घटना उन दिनों की है जब महात्मा बुद्ध को ज्ञान की प्राप्ति नहीं हुई थी और वह तपस्या कर रहे थे, ज्ञान की तलाश में इधर-उधर भटक रहे थे। ऐसे ही एक दिन भूख और थकान के कारण एक नदी के किनारे वह बेहोश होकर गिर पड़े थे। तब एक

गड़ेरिया स्त्री

इतिहास सामान्य ज्ञान

योंगहे मंदिर में कोंगी परोसना

योंगहे मंदिर में, दो मीटर चौड़ा और डेढ़ मीटर गहरा एक बड़ा तांबे का पतीला है जिसका वजन लगभग 4 टन है। यह विशेष रूप से वार्षिक लाबा समारोह के दिन लाबा कोंगी पकाने के लिए बनाया गया है। भगवान बुद्ध, सम्राट, राजकुमारों, दरबार के मंत्रियों और आम लोगों को अलग-अलग कोंगी परोसने के लिए छह पतीला कोंगी तैयार किया जाता था।

गड़ेरिया स्त्री ने गाय के दूध की खीर बनाई थी और उन्हें खिलाया था। महात्मा बुद्ध ने जब वह खीर खाई तो उन्हें बहुत मीठी और स्वादिष्ट लगी। उसे खाकर वह तरोताजा महसूस करने लगे। फिर वह एक बोधि वृक्ष के नीचे बैठ गए और लगातार सात दिन और सात रातों तक ध्यान किया, तब जाकर उन्हें बुद्धत्व की प्राप्ति हुई। महात्मा बुद्ध को जिस दिन बुद्धत्व की प्राप्ति हुई, उस दिन 12वें चन्द्रमास का आठवां दिन था। बौद्ध धर्म के अनुयायी उसी दिन की याद में हर साल इस दिन कोंगी बनाते हैं और आमजनों को खिलाते हैं। इस तरह, इस दिन को बुद्ध का ज्ञान दिवस या बोधि दिवस भी कहा जाता है।

और लाबा लहसुन का रिवाज कहाँ से आया? प्राचीन समय में, व्यवसायी लोग पूरे साल के आय-व्यय का हिसाब-किताब 12वें चन्द्रमास के आठवें दिन किया करते थे। यह एक प्रथा थी जिसे लाबा गणना के रूप में जाना जाता है। जैसा कि बीजिंग में प्रचलित एक पुरानी कहावत है, "लाबा कोंगी, लाबा लहसुन, जब साल खत्म होने वाला होता है तो कर्ज़ देने वाला लेने वाले को संदेश भेजता है, और कर्ज़दार अपना कर्ज़ चुकता कर देता है।" ...तो इस तरह लाबा लहसुन की उत्पत्ति हुई।

इस दिन, लोग लहसुन छीलते हैं और छीले हुए लहसुन को मर्तबान में रख देते हैं। मर्तबान को सिरके से भर दिया जाता है और उसको बंद कर दिया जाता है। सिरके में रखा गया लहसुन नये साल के पहले चन्द्रमास तक हरा हो जाता है। इस लहसुन का स्वाद हल्का खट्टा और मसालेदार होता है। लोग बड़े चाव से लाबा लहसुन खाते हैं। यह कई लोगों को बड़ा ही स्वादिष्ट लगता है।

प्राचीन काल में, चाहे वह शाही दरबार के लोग हों, सरकारी कार्यालयों में काम करने वाले लोग हों, मंदिरों के बौद्ध भिक्षु हों या आमलोग, सभी लाबा कोंगी बनाया करते थे। शाही महल में सम्राट लाबा कोंगी बनाता था और अपने मंत्रियों को परोसता था। मंदिरों में जो कोंगी बनाई जाती थी, वह गरीबों और श्रद्धालुओं में बांटी जाती थी। सबसे पहले पूर्वजों को कोंगी अर्पित की जाती थी, फिर दोस्तों और रिश्तेदारों को दी जाती थी, और फिर इसके बाद परिवार के सभी लोग मिल-बैठकर साथ में कोंगी खाते थे। अगर इसके बाद भी कोंगी बच जाती थी तो इसे अच्छा शगुन माना जाता था। ऐसी धारणा थी कि यदि कोंगी बच जाती है तो इसका मतलब यह है कि आने वाले साल में भी घर में अनाज की कमी नहीं होगी।

सिरका लहसुन तैयार करना

लहसुन को छील लें

लहसुन को जार में डालें और उसको सिरके से भर दें

लहसुन के हरे होने तक जार को सील करके रखें

अब लाबा लहसुन तैयार है। जार खोलें, लहसुन निकालें और मज़े लेकर खाएँ। सिरका भी खाने योग्य होता है। अगर आप जियाओज़ी को खाने से पहले इस सिरके में डुबो लें तो उसका स्वाद दोगुना हो जाता है!

रसोई देवता की पूजा का उत्सव

एर शी सान, तांगगुआ ज़ान

रसोई देवता की पूजा को जियाओनियान भी कहा जाता है, जिसका शाब्दिक अर्थ है-छोटा नया साल, जो वसंत उत्सव समारोह की शुरुआत का संकेत देता है। चीन के अलग-अलग हिस्सों में रसोई देवता की पूजा का समय अलग-अलग होता है और रीति-रिवाजों में भी फ़र्क़ होता है। उत्तरी चीन में यह 12वें चन्द्रमास के 23वें दिन पड़ता है, जबकि दक्षिण में यह एक दिन बाद आता है। जिआंगसु, झेजियांग और शंघाई में लोग 12वें चन्द्रमास के 24वें दिन और चन्द्र नव वर्ष की पूर्व संध्या, दोनों को जियाओनियान मानते हैं।

रसोई देवता का चित्र आमतौर पर पूजा के लिए चूल्हे के पास रखा जाता है। रसोई देवता को परिवार के भाग्य का स्वामी माना जाता है। छोटे नये साल पर लोग देवता को प्रसाद चढ़ाते हैं।

प्रसाद चढ़ाते समय सबसे पहले यह सुनिश्चित करना होता था कि रसोई देवता का चित्र सही जगह पर रखा गया है या नहीं। रसोई देवता का चित्र दोहे से घिरा होता था,

रसोई देवता का एक चित्र

प्राचीन काल में, हर घर की रसोई की दीवार में ताख बनी होती थी, जिसमें रसोई देवता का चित्र रखा जाता था। अगर दीवार में ताख नहीं होता था तो घर के लोग चीत्र को दीवार पर टाँग देते थे। कुछ चित्रों में सिर्फ रसोई देवता ही होते थे, वैसे ज्यादातर चित्रों में रसोई देवता के साथ रसोई देवी भी हुआ करती थी। चित्र में आगे की तरफ देवता की सवारी के लिए अक्सर घोड़ा होता था।

ऐसी मान्यता थी कि लोमड़ी और नेवले रसोई देवता के सेवक होते हैं और उन्हें प्रसाद के रूप में अंडे और अन्य स्नैक्स चढ़ाना पड़ता है।

जिस पर सामान्यतः यह लिखा होता थाः "नश्वर संसार में शांति रहे, इसलिए स्वर्ग अच्छी बातें कहता है।" दूसरी तरफ, सम्राट की रसोई में देवता के पास जो दोहा रखा होता है उसके दूसरे भाग में यह आह्वान लिखा होता है कि "समृद्धि और सौभाग्य लाने के लिए महल में लौट आएँ।"

जियाओनियान के दिन प्रसाद क्यों चढ़ाए जाते हैं? किंवदंती है कि जेड सम्राट हर साल हर एक घर में रसोई देवता को यह पता लगाने के लिए भेजता है कि पिछले एक साल में घर के लोगों ने क्या-क्या किया है। रसोई देवता जियाओनियान के दिन वापस स्वर्ग जाता है और जेड सम्राट को उनके अच्छे और बुरे कामों के बारे में बताता है। रसोई देवता की रिपोर्ट के आधार पर जेड सम्राट यह तय करता है कि किस घर को क्या पुरस्कार या दंड देना है। इस तरह देखें तो जियाओनियान का दिन, प्रत्येक घर के लिए रसोई देवता के स्वर्ग जाने का दिन है। उस दिन चूल्हे की मेज कैंडी और फलों से भरी रहती है, और लोग रसोई देवता के मुँह पर पिघला हुआ गुआनडोंग तांग (एक प्रकार की माल्ट कैंडी) लगाते हैं। ऐसा वह इस उम्मीद से करते हैं कि रसोई देवता उसके घर के बारे में जेड सम्राट को अच्छी-अच्छी बातें ही बताएँगे। चीनी संस्कृति में ऐसा माना जाता है कि अगर आप किसी इंसान के मुँह पर शहद या कोई मिठाई लगाते हैं तो वह आदमी आपके बारे

में अच्छी-अच्छी बातें ही करेगा। फिर चन्द्र नव वर्ष की पूर्व संध्या पर, रसोई देवता अन्य देवताओं के साथ चीनी नव वर्ष मनाने के लिए पृथ्वी पर वापस आते हैं, इसलिए देवताओं का स्वागत करने के लिए लोग अनुष्ठान करते हैं। रसोई देवता को स्वर्ग विदा करने के लिए तीन प्याली चीनी शराब ज़मीन पर उड़ेलते हैं। यह शराब विशेष तरीके से बनाई जाती है और यह रंगहीन होती है। ख़ैर, रसोई देवता को शराब चढ़ाने के बाद लोग अपने पूर्वजों की पूजा करते हैं और उन्हें प्रसाद चढ़ाते हैं।

जियाओनियान पर रसोई देवता को विदा करते समय वसंत उत्सव के आने का समय हो चुका होता है और इसलिए लोग उसी समय से इसकी तैयारियों में जुट जाते हैं। वसंत

दंतकथा

एक लोकप्रथा है कि "पुरुष चन्द्रमा की पूजा नहीं कर सकते, महिलाएँ रसोई के देवता की पूजा नहीं कर सकतीं।" इसलिए रसोई देवता की पूजा में औरतें भाग नहीं लेतीं, यह काम घर के पुरुष सदस्य ही करते हैं।

उत्सव से पहले घर की साफ-सफाई जरूरी होती है। अगर घर में आँगन होता है तो घर के लोग अपना सारा फर्नीचर और सामान घर से निकाल कर आँगन में रख देते हैं ताकि वे छत सहित घर के एक-एक कोने की अच्छी तरह से सफाई कर सकें। जिन लोगों के घरों में आँगन नहीं होता, वह घर के सभी सामानों को कपड़ों से ढक देते हैं ताकि छत की सफाई करते समय धूल-गर्दा फर्नीचर या बिस्तर पर न गिरे।

घर की साफ-सफाई

रसोई देवता की पूजा के दिन लोग अपने बाल कटवाते हैं और नहाते हैं। यह ज़रूरी माना जाता है। चीन में इसको लेकर एक कहावत खूब कही-सुनी जाती है कि "चाहे आपके पास पैसा हो या न हो, नये साल के लिए अपना सिर मुँडवाना जरूरी है।"

बाल कटवाना

मोती से खेल रहे दो ड्रैगनों का पेपर कटआउट बनाना

यह सुरक्षा और दीर्घायु होने का संकेत देता है।

रेशमी कढ़ाई वाली गेंद से खेलते शेर का पेपर-कटआउट बनाना

शेर अपशकुनों को दूर भगाने और रेशमी गेंद सौभाग्य लाने वाला माना जाता है।

जब आप अपने घर की सफाई कर लेते हैं, अपने बाल वगैरह कटवा लेते हैं, उसके बाद घर को सजाने की बारी आती है। जियाओनियान पर घर की खिड़कियों को सजाने के लिए पेपर-कट बनाने की परम्परा लोकप्रचलित है। अच्छे शगुन के प्रतीक वाले पेपर कटआउट, जैसे कि रेशमी कढाई वाले गेंद से खेलता शेर या मोती से खेल रहे ड्रैगन, बनाना और इन्हें खिड़कियों पर चिपकाने का रिवाज है। गाना जाता है कि खूबसूरत पेपर-कट बनाने और लगाने से नये साल में लोगों के लिए सुख-सौभाग्य आता है।

त्योहार पर बनाए जाने वाले पकवान

तांगगुआ और गुआनडोंग तांग

एर शी सान, तांगगुआ झान, ज़ाओजुन लाओये याओ शांगतियान – 12वें चन्द्रमास के 23वें दिन, रसोई देवता के मुँह पर तांगगुआ लगाएँ, क्योंकि वह स्वर्ग को हमारे अच्छे-बुरे कामों की रिपोर्ट देने वाला है। इस कहावत का इस्तेमाल एक लोकगीत में भी हुआ है, जिसके अनुसार बाजरा और उबले जौ से बनी एक प्रकार की कैंडी को तांगगुआ कहा जाता है। कद्दू के आकार वाली कैंडी को तांगगुआ या खरबूजा कहा जाता है, और टिकिया या बार के आकार वाली कैंडी को गुआनडोंग तांग कहा जाता है (गुआनडोंग पूर्वोत्तर चीन को संदर्भित करता है जहाँ पहले पहल यह मिठाई चलन में आई थी)।

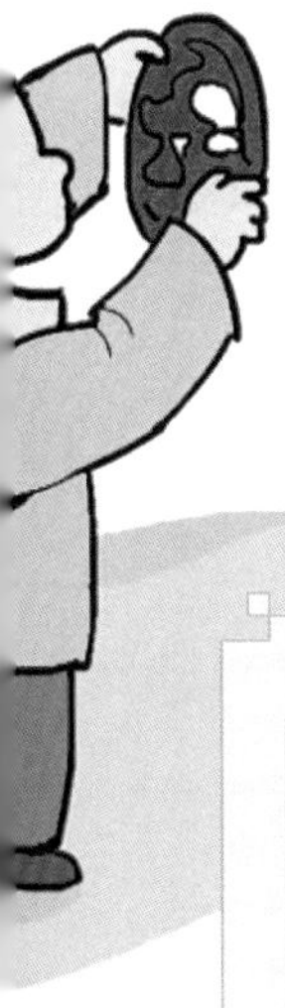

रसोई देवता की कविता

सोंग काल (960–1279) के कवि लू मेंगझेंग द्वारा रचित

एक कटोरी साफ पानी और एक कविता,
यह वह दिन है जब रसोई देवता स्वर्ग जाता है।
अगर जेड सम्राट दुनिया के बारे में पूछे तो बताएँ,
कि मुश्किल समय में शिकायतों की बात बेमानी है।

चूशी, या चीनी नव वर्ष की पूर्व संध्या

आतिशबाज़ियों के बीच नये साल में प्रवेश

हर साल 12वें चन्द्रमास की आखिरी रात को चूशी कहा जाता है। इसे दानियान से पहले की रात या दानियान यी भी कहा जाता है।

इसका शाब्दिक अर्थ है-बड़े नये साल (बिग न्यू ईयर) से पहले की रात, जो जियाओनियान यानी छोटे नये साल (लिट्ल न्यू ईयर) से मेल खाता है। 12वें चन्द्रमास में सामान्यतः 30 दिन होते हैं, इसलिए चूशी को दानियान सानशी (12वें चन्द्रमास की 30वीं रात) भी कहा जाता है। हर साल चीनी नव वर्ष की पूर्व संध्या पर परिवार के सभी लोग एक जगह इकट्ठा होते हैं, साथ मिलकर खाना (नियानयी फान) खाते हैं और आतिशबाज़ियाँ करते हैं। इसके अलावा, माता-पिता और दादा-दादी बच्चों को इस खुशी के मौके पर नया साल मनाने के लिए तोहफे के तौर पर कुछ पैसे देते हैं, जिसे यासुईचियान कहा जाता है।

चूशी पर्व मनाने की शुरुआत पूर्व-क़िन काल (2,100 ईसा पूर्व-221 ईसा पूर्व, जो क़िन राजवंश के शासनकाल (221-206) से पहले की अवधि थी) के दौरान हुई थी। उस समय, चूशी के दिन लोग संक्रामक रोग फैलाने वाले राक्षस को भगाने के लिए गली-गली घूम-घूम कर ढोल बजाया करते थे। हकीकत में ऐसा कोई राक्षस नहीं था, लेकिन यह एक ऐसी प्रथा थी जो पीढ़ी-दर-पीढ़ी चली आती थी और लोग नये साल में सेहतमंद रहने के लिए ऐसा करते थे। कह सकते हैं कि अच्छे स्वास्थ्य के लिए प्रार्थना करने का यह एक परम्परागत तरीका था।

ढोल बजाना

कोई चाहे अपने घर-परिवार से कितनी ही दूर क्यों न हो, चूशी मनाने के लिए वापस आएगा ही।

दंतकथा

मछली (鱼) और बचा हुआ या अतिरिक्त (余) के लिए जिन चीनी वर्णों का इस्तेमाल किया जाता है, उनका उच्चारण एकसमान अर्थात यू है। यहाँ मछली यानी यू का एक प्रतीकात्मक अर्थ है: "हर साल घर धन-धान्य से भरा रहे और यह कभी खत्म न हो।"

जियाओज़ी, या चीनी डम्प्लिंग
कामना है कि आने वाला साल खुशियों से भरा हो, अपने दोस्तों-रिश्तेदारों से मुलाकात हो और भाग्य का साथ बना रहे।

नियानगाओ, या स्टिकी राइस केक
इसका मतलब है कि हर आने वाला नया साल बीते साल से बेहतर हो।

तला हुआ झींगा
पारिवारिक सुख-समृद्धि की कामना।

नियानयीफान, या नये साल की पूर्व संध्या पर पारिवारिक भोज
प्राचीन समय में, नियानयीफ़ान को वेईलू कहा जाता था, जिसका अर्थ है कि परिवार के सभी लोग चूल्हे के इर्दगिर्द बैठते हैं और रात का भोजन करते हैं।

अब सवाल यह उठता है कि नये साल की पूर्व संध्या का नाम चूशी कैसे पड़ा? किंवदंती है कि शी नाम का एक बहुत ही गुस्सैल राक्षस था। यह राक्षस हर साल 12वें चन्द्रमास की 30वीं रात को गाँवों पर धावा बोल देता और लोगों का खाना चुरा लेता और उनकी फसलों और चीज़ों को बर्बाद कर देता था। यही कारण है कि लोग उस राक्षस से बहुत डरते थे। एक बच्चा जो बांस के जंगल में रहता था, उसने गाँव के लोगों को बताया कि शी को लाल रंग और चटकने की आवाज़ से बहुत डर लगता है। इसलिए अगर गाँव के लोग शी राक्षस से बचना चाहते हैं और उसे अपने गाँव से दूर रखना चाहते हैं तो उन्हें अपने घरों के दरवाज़े पर लाल रंग का कपड़ा टाँगना होगा और बाँस की लकड़ी जलानी होगी क्योंकि बाँस की लकड़ी को जब जलाया जाता है तो उससे चटकने की आवाज़ निकलती है जिसे सुनकर शी डर जाता है। गाँव के लोगों ने बच्चे की सलाह पर अमल किया और पाया कि यह तरीका बहुत ही कारगर था। तभी से लोग शी को गाँव में आने और उत्पात मचाने से रोकने के लिए अपने घर के दरवाज़े पर लाल कपड़ा टाँगने और बांस जलाने लगे और फिर यह रिवाज बन गया जो आज भी बदस्तूर जारी है।

चूशी पर्व का एक बड़ा आकर्षण शोउसुई है, यानी चन्द्र नववर्ष का स्वागत करने के लिए नववर्ष की पूर्व संध्या पर पूरी रात जागना। शोउसुई की शुरुआत नियानयीफ़ान यानी नये साल की पूर्वसंध्या पर परिवार के सभी लोगों का एकसाथ बैठकर भोजन करने से होती है। इसे हजियाहुआन या "पारिवारिक आनंदोत्सव" भी कहा जाता है। इस मौके पर अगर परिवार का कोई सदस्य घर नहीं आ पाता है तो भी भोजन के समय उसके बैठने की जगह पर प्याले और चॉपस्टिक रखे जाते हैं। यह प्रतीकात्मक होता है जो यह दर्शाता है कि वह भले ही शारीरिक रूप से इस पारिवारिक भोज में शामिल नहीं है लेकिन भावनात्मक रूप से उसकी उपस्थिति है। भोजन में यूँ तो कई तरह के पकवान और व्यंजन होते हैं लेकिन खास तौर से मछली ज़रूर होती है। यह नियानयीफान के लोकप्रिय व्यंजनों में से एक है।

नियानयीफ़ान के बाद, पूरा परिवार मिलकर बाओ जियाओज़ी या चीनी डम्प्लिग बनाता है। जियाओज़ी का आकार प्राचीन चीनी सोने के पिंड जैसा होता है, इसलिए बाओ जियाओज़ी को धन, भाग्य और सौभाग्य का प्रतीक माना जाता है। जियाओज़ी को लपेटने के लिए बाओ की जरूरत पड़ती है। आधी रात से पहले ही जियाओज़ी बनाने का काम पूरा कर लेना होता है, ताकि जब घड़ी की सूई बारह बजने का संकेत दे और नये साल की शुरुआत हो तो जियाओज़ी पक कर तैयार हो चुका हो और खाने की मेज़ पर सज चुका हो, ताकि परिवार के सभी लोग एकसाथ बैठकर पकवान का आनंद ले सकें और इस तरह एक-दूसरे को नया साल विश कर सकें। एक-दूसरे के सुख-सौभाग्य की कामना कर सकें।

अब शोउसुई यानी रतजगे का समय है। घर के बड़े-बुजुर्ग चाय पीते हैं, फल और मेवे खाते हैं, और परिवार से जुड़ी चीजों के बारे में बातें करते हैं, छोटे-बड़े बच्चे लुका-छिपी और दूसरे खेल खेलते हैं। बच्चों को शोउसुई की रात का पूरे साल बेसब्री से इंतज़ार रहता है क्योंकि यही वह रात है जब बच्चों को खेल-कूद की मनाही नहीं होती और उनकी मौज-मस्ती पर माँ-बाप ज्यादा टोकाटोकी नहीं करते। कुछ जगहों पर आज के दिन वसंत उत्सव से जुड़े दोहे चिपकाने और चीनी अक्षर फू ("福" चीनी भाषा में इसका अर्थ सौभाग्य और आशीर्वाद होता है) लटकाने और नये साल का पारम्परिक चित्र बनाने, और नये साल की शुभकामना देने के लिए पटाखे फोड़ने का रिवाज भी है।

जब भोर के समय शोउसुई समाप्त होता है, तो यह नए साल का पहला दिन यानी दानियान चुई होता है। एक बार फिर आतिशबाज़ियों का दौर शुरू होता है और लोग पटाखों की आवाज़ों के बीच चीनी नये साल के आगमन का जश्न मनाते हैं। यह नये साल की बिल्कुल नयी शुरुआत होती है।

द्वार देवता

बाओ जियाओज़ी, या चीनी डम्प्लिग बनाना।

नए साल की पेंटिंग

एक बड़ी तस्वीर

फू (福) अक्षर को उल्टा लटकाना

चूशी के मौके पर आधी रात के बाद कुछ क्षेत्रों में लोग अपने दरवाजे पर फू (福) अक्षर को उल्टा लगाते या लटकाते हैं। यह बहुत पुराना रिवाज है और इसे सौभाग्य के आगमन का प्रतीक माना जाता है। इसे उल्टा लटकाया जाता है क्योंकि आगमन के लिए चीनी भाषा में जो शब्द है, वह फू के उल्टे आकार जैसा है। यानी फू अक्षर का ऊपरी हिस्सा नीचे और निचला हिस्सा ऊपर की तरफ होता है। इस तरह जब हम फू अक्षर को उल्टा लटकाते हैं तो यह सौभाग्य के आने का प्रतीक बन जाता है।

नये साल की शाम और बर्फबारी

सोंग काल (960–1279) के कवि लू यू की एक कविता

नये साल की शाम और बर्फबारीः

भारी बर्फबारी के बीच हुई है अभी शाम की शुरुआत,
उत्तरी हवा जो लेकर आई है, वह बर्फ नहीं, वरदान है
धरती पर गिरती ईश्वरीय बर्फ दे रही है भविष्य का संदेश
कि आने वाले साल में खूब लहलहाएगी फसल
अभी तो टुसू शराब का प्याला मेज पर ही पड़ा है
अभी शुरू नहीं हुआ है मेरे लिए नये साल का जश्न
अभी तो मैं चिराग़ की रौशनी में वसंत के दोहे लिख रहा हूँ

भाग 2

आधुनिक और जातीय
पर्व-त्योहार

जैसा कि आप पहले से ही जानते हैं, पारम्परिक चीनी त्योहार आम तौर पर चीनी चन्द्र कैलेंडर का पालन करते हैं। यह सभी त्योहार हजारों वर्षों से चीनी संस्कृति का अंग हैं। इन्हें पीढ़ी-दर-पीढ़ी मनाया जाता रहा है और आज भी मनाया जा रहा है। इन त्योहारों के दौरान लोग अपने परिवारों, रिश्तेदारों और दोस्तों से मिलते हैं, उनके साथ समय बिताते हैं, मिलजुल कर खुशियाँ मनाते हैं, लोक रीतियों और रिवाजों को निभाते हैं, मौसमी पकवान बनाते और खाते हैं, और इस तरह त्योहार का भरपूर आनंद उठाते हैं। लेकिन कई ऐसे उत्सव भी हम मनाते हैं, जो परम्परागत नहीं बल्कि आधुनिक हैं और जो हमारे चीनी चन्द्र कैलेंडर पर नहीं बल्कि ग्रेगोरियन कैलेंडर पर आधारित हैं, जैसे कि 4 मई को हम युवा दिवस और 1 अगस्त को सेना दिवस मनाते हैं। कुछ अन्य उत्सव भी हैं जो चीन के तो नहीं हैं लेकिन चीन में भी मनाए जाते हैं, जैसे कि 8 मार्च को अंतर्राष्ट्रीय महिला दिवस, 1 मई को अंतर्राष्ट्रीय मजदूर दिवस, और 1 जून को अंतर्राष्ट्रीय बाल दिवस। कुछ और भी त्योहार हैं जो आधिकारिक तौर पर तो मान्यता प्राप्त नहीं हैं, लेकिन आम जनता के बीच बहुत लोकप्रिय हैं, जैसे कि 14 फरवरी को वेलेंटाइन डे और 25 दिसंबर को क्रिसमस। कहना न होगा कि इन पर्व-त्योहारों ने भी हमारे जीवन को समृद्ध ही किया है।

युआनदान, 1 जनवरी

ग्रेगोरियन कैलेंडर के अनुसार एक जनवरी को नया साल मनाया जाता है, जिसे चीन में युआनदान (元旦) कहा जाता है। प्राचीन चीन में युआन (元) का मतलब आरम्भ या शुरुआत होता था और और दान (旦) का मतलब सुबह का उगता हुआ सूरज। इस प्रकार, युआनदान का मतलब हुआ – नये साल की शुरुआत। चूँकि अब चीन में भी ग्रेगोरियन कैलेंडर का चलन है, अतः चीन में भी अब 1 जनवरी से नये साल की शुरुआत मानी जाती है और इस दिन को युआनदान कहा जाता है।

अंतर्राष्ट्रीय महिला दिवस

19वीं शताब्दी में हमारे जीवन-समाज में पूंजीवाद के प्रवेश के साथ कई बदलाव आए। पूंजीपतियों ने पुरुषों के साथ स्त्रियों को भी काम पर रखना शुरू किया। स्त्री और पुरुष दोनों से समान काम लिया जाता था, लेकिन पुरुष श्रमिकों की तुलना में महिला श्रमिकों को बहुत कम वेतन दिया जाता था। महिलाओं से दिन में 16-17 घंटे काम लिया जाता था, उन्हें न तो आराम के लिए अवकाश मिलता था और न ही उनके लिए श्रम सुरक्षा जैसी कोई चीज़ थी। उनका जीवन बहुत दयनीय था। ऐसे में 8 मार्च, 1857 को न्यूयॉर्क में महिला श्रमिकों ने विरोध प्रदर्शन किया। पुलिस ने प्रदर्शन कर रही महिला मजदूरों पर हमला किया और उन्हें तितर-बितर कर दिया। आंदोलन को तो पुलिस के बल पर दबा दिया गया लेकिन वह दिन लोगों को याद रहा। बाद में, यह महिलाओं के कठिन संघर्षों का प्रतीक बन गया। चूँकि अमेरिकी महिलाओं का यह विरोध प्रदर्शन 8 मार्च को हुआ था, अतः अब इसे अंतर्राष्ट्रीय महिला दिवस के रूप में मनाया जाता है।

राष्ट्रीय वृक्षारोपण दिवस

विज्ञान और प्रौद्योगिकी के तेजी से विकास के कारण पृथ्वी की स्थिति बद से बदतर होती जा रही है। बड़ी तादाद में पेड़ काटे जा चुके हैं और उनकी जगह ऊँची-ऊँची गगनचुम्बी इमारतों ने ले ली है। पर्यावरण प्रदूषण के कई अन्य दुष्चक्रों ने मिलकर दुनिया की हरी-भरी धरती को बंजर बनाना शुरू कर दिया है। दुनिया मरुस्थल बनती जा रही है। हालात बद से बदतर होते जा रहे हैं। धरती को आबाद रखने के लिए ज़रूरी है कि पर्यावरण प्रदूषण को नियंत्रित किया जाए और इसका सबसे अच्छा तरीका पेड़ लगाना है। संयुक्त राष्ट्र के आँकड़ों के अनुसार, 50 से अधिक देशों ने अपने-अपने स्तर पर वृक्षारोपण दिवस मनाना शुरू किया है, जिसमें चीन भी शामिल है। चीन में हर साल 12 मार्च को वृक्षारोपण दिवस होता है। उस दिन वृक्षारोपण कार्यक्रमों का आयोजन तो किया ही जाता है, साथ ही अलग-अलग तरह की गतिविधियों के माध्यम से लोगों को पर्यावरण के प्रति जागरूक भी किया जाता है। लोगों को यह बताया जाता है कि सभी को पेड़ों की रक्षा के महत्व को समझना चाहिए और पर्यावरण की देखभाल करनी चाहिए।

अंतर्राष्ट्रीय मजदूर दिवस

शिकागो में मजदूरों की आम हड़ताल की याद में, और दुनिया भर में काम करने वाले लोगों के अधिकारों और हितों की रक्षा के लिए, सन् 1889 में, द्वितीय अंतर्राष्ट्रीय समाजवादी सम्मेलन में यह घोषणा की गई कि अब से हर साल 1 मई को अंतर्राष्ट्रीय मजदूर दिवस के रूप में मनाया जाएगा।

मजदूर होने पर गर्व है!

राष्ट्रीय युवा दिवस

यह 4 मई को हुए आंदोलन की याद में मनाया जाने वाला उत्सव है। यह आंदोलन 4 मई सन् 1919 को बीजिंग में कॉलेज के छात्रों द्वारा शुरू किया गया। यह एक साम्राज्यवाद-विरोधी, सामंतवाद-विरोधी देशभक्ति आंदोलन था। यह युवाओं के लिए अपनी प्रतिभा दिखाने का दिन भी है।

मदर्स डे / मातृ दिवस

मदर्स डे अब चीन में काफी लोकप्रिय हो चुका है। यह वास्तव में माँ और मातृत्व के सम्मान का उत्सव है। मई के दूसरे रविवार को पड़ने वाला यह उत्सव आम जनता के लिए एक अविस्मरणीय दिन होता है। मदर्स डे का कंसेप्ट भले ही पश्चिम से आया हो, लेकिन चीन में भी माताओं को सम्मान देने और आभार व्यक्त करने की सुदीर्घ परम्परा रही है। सातवें चन्द्रमास के 15वें दिन को चीनी मातृ दिवस मनाया जाता है। ऐसी बहुत सी घरेलू कहानियाँ हैं जिनमें महान माताओं के संघर्ष को बयान किया गया है, जैसे मेन्सियस की माँ जिन्होंने अपने बेटे की खातिर तीन बार घर छोड़ा। आजकल लोग ग्रीटिंग कार्ड बनाकर, फूल भेजकर और खाना बनाकर अपनी माताओं के प्रति अपनी कृतज्ञता का इजहार करते हैं।

अंतर्राष्ट्रीय बाल दिवस

यह दुनिया भर के बच्चों का त्योहार है। बच्चे अपनी देखभाल करने या खुद की हिफाजत करने में उतने सक्षम नहीं होते, इसलिए उनका ध्यान रखने और उनकी देखभाल करने की ज़िम्मेदारी पूरे समाज की होती है। बाल दिवस का मतलब सिर्फ यह नहीं है कि इस दिन माता-पिता अपने बच्चों को लॉलीपॉप या कुछ दूसरे छोटे-मोटे उपहार दें, बल्कि इसका मकसद लोगों को बच्चों के अधिकारों और हितों पर और अधिक ध्यान देने के लिए प्रोत्साहित करना है।

फादर्स डे / पिता दिवस

फादर्स डे मनाने का चलन सबसे पहले 20वीं सदी की शुरुआत में संयुक्त राज्य अमेरिका में शुरू हुआ था और अब यह दुनिया भर के 52 देशों में व्यापक रूप से मनाया जाता है। हालांकि देश और भौगोलिक क्षेत्र के हिसाब से तारीख अलग-अलग भी हो सकती है, वैसे अधिकांश देशों में यह जून के तीसरे रविवार को मनाया जाता है। इस दिन बच्चे अपने पिता को उपहार देते हैं और रात में पूरा परिवार साथ में भोजन करता है। चीन का अपना फादर्स डे भी है और यह 20वीं शताब्दी के पूर्वार्द्ध से ही मनाया जाता रहा है। 8 अगस्त 1945 को पहली बार शंघाई में फादर्स डे मनाया गया था और फिर देखते ही देखते यह देश के बाकी हिस्सों में भी मनाया जाने लगा। सन् 1945 के सितंबर महीने में जापानी-विरोधी युद्ध में जीत हासिल होने के तुरंत बाद, शंघाई के बहुत से नामी-गिरामी लोगों की तरफ से शंघाई नगर प्रशासन को एक प्रार्थना पत्र सौंपा गया था, जिसमें यह कहा गया था कि वह केन्द्र सरकार से 8 अगस्त को राष्ट्रीय पिता दिवस घोषित करने का अनुरोध करे। इसके लिए 8 अगस्त की तिथि इसलिए चुनी गई क्योंकि चीनी भाषा में "8 अगस्त" का उच्चारण "पिता" या बाबा शब्द के समान है। इस दिन लोग अपने पिता के प्रति सम्मान और कृतज्ञता दर्शाने के लिए फूल पहनते हैं।

शिक्षक दिवस

प्रसिद्ध तांग राजवंश के शासनकाल (618-907) में एक बड़े साहित्यकार हान यू ने अपने निबंध "शिक्षक विमर्श" की शुरुआत में लिखा था, "प्राचीन विद्वानों के भी अपने शिक्षक रहे होंगे। एक शिक्षक वह है जो ज्ञान का संचार करता है, अपने छात्रों की अध्ययन में मदद करता है और उनके भ्रमों को दूर करता है।" इसका मतलब यह है कि कोई भी व्यक्ति जन्म से ही ज्ञानी या शक्तिशाली नहीं होता, बल्कि सभी को सवालों के जवाब और मार्गदर्शन के लिए शिक्षकों की जरूरत होती है। प्राचीन काल से, चीनी लोगों ने शिक्षकों का सम्मान करने और शिक्षा को महत्व देने के मूल्यों को समझा है और उनका पालन किया है, अतः शिक्षक दिवस का क्या महत्व है, यह अलग से समझाने की ज़रूरत नहीं है। हर साल 10 सितंबर को शिक्षक दिवस मनाया जाता है।

शिक्षक दिवस की शुभकामनाएं

116

राष्ट्रीय दिवस

चीन का राष्ट्रीय दिवस हर साल 1 अक्टूबर को मनाया जाता है। इसी दिन जनवादी गणराज्य चीन (पीपुल्स रिपब्लिक ऑफ चाइना) की स्थापना हुई थी। इस दिन, तियानमेन चौक पर फूलों की सुंदर टोकरियाँ रखी जाती हैं और देश भर में राष्ट्रीय ध्वज फहराए जाते हैं।

राष्ट्रीय दिवस मनाते लोग

भाग 3

24 सौरचक्र या सौर अवधियाँ

निर्मल प्रकाश (चींगमिंग) और शीतकालीन संक्रांति (सोलस्टिस) दो ऐसे पारम्परिक त्योहार हैं जो सौरचक्रों की ही देन हैं। प्राचीन काल में जब ग्रेगोरियन कैलेंडर नहीं था, लोग मौसम की भविष्यवाणी कैसे करते थे? प्राचीन समय से लेकर आज तक, किसान कैसे तय करते हैं कि उन्हें कब बीज बोना है और फसल की कटाई कब करनी है? ये सभी चीजें 24 सौरचक्रों पर निर्भर करती हैं। यह प्राचीनकाल में चीन द्वारा विकसित कैलेंडर है।

ऐसे बहुत से चीनी बच्चे होंगे जिन्होंने अपने किसी बुजुर्ग रिश्तेदार को यह कहते सुना होगा कि "शरद विषुव आरम्भ है, पाला गिरना है अंत, गेहूँ बोने का सही समय आया जानो, जब गिरने लगे शबनम (ओस)" या "खरबूजे और फलियाँ बोना जो चाहो सरकार, करो प्रतीक्षा उस समय का जब निर्मल हो प्रकाश।" वैसे और भी बहुत सी कहावतें हैं जिनका रिश्ता सौरचक्रों से है, लेकिन क्या आप जानते हैं कि ये सौरचक्र आखिर हैं क्या?

पृथ्वी जिस अक्ष या धुरी पर घूमती है, वह झुकी हुई है और असमान रूप से सूर्य से गर्मी प्राप्त करती रहती है, इसी कारण एक वर्ष में चार ऋतुएँ होती हैं। प्राचीन काल में सूर्य की छाया की लम्बाई को मापने के लिए तुगुई, या धूपघड़ी का इस्तेमाल किया जाता था।

जिस दिन दोपहर के समय छाया की माप सबसे छोटी पाई गई, उस दिन को ग्रीष्मकालीन संक्रांति का नाम दिया गया और जिस दिन दोपहर के समय छाया सबसे लम्बी मापी गई उस दिन को शीतकालीन संक्रांति कहा गया। साल में दो दिन ऐसे होते हैं जब दिन और रात की लम्बाई समान होती है यानी दिन और रात बराबर अवधि के होते हैं। ऐसा एक बार वसंत ऋतु में और एक बार शरद ऋतु में होता है और इन दोनों दिनों को क्रमशः वसंत विषुव और शरद विषुव कहा जाता है।

अब सवाल उठता है कि प्राचीन चीन में 24 सौरचक्र या सौर-अवधियाँ कैसे सार्वभौमिक कैलेंडर में रूपांतरित हुईं? ऐसा एक दिन में नहीं हुआ, बल्कि यह क्रमिक रूप से विभिन्न राजवंशों के शासनकाल के दौरान अभ्यास के माध्यम से सम्भव हुआ। शांग राजवंश के शासनकाल (लगभग 1600-1046 ईसा पूर्व) में 4 सौरचक्रों की पहचान की गई थी: मध्य-वसंत, मध्य-ग्रीष्म, मध्य-शरद और मध्य-शीत; बाद में, झोउ राजवंश के शासनकाल में कुल 8 नये सौरचक्रों की पहचान की गई।

क़िन (221-207 ई.पू.) और हान (202 ई.पू.-220 ई.पू.) राजवंशों के शासनकाल तक आते-आते सभी 24 सौरचक्रों की पहचान हो चुकी थी। ताइचु कैलेंडर, जिसे "भव्य आरम्भ पांचांग" भी कहा जाता है, की शुरुआत 104 ईसा पूर्व में हुई थी। हान ताइचु युग के सम्राट वू के शासन काल में ताइचु संवत् शुरू हुआ था और उन्होंने ही कैलेंडर के रूप में 24 सौरचक्रों की स्थापना की थी, जो पिछले 2,000 सालों से भी अधिक समय से उपयोग में है।

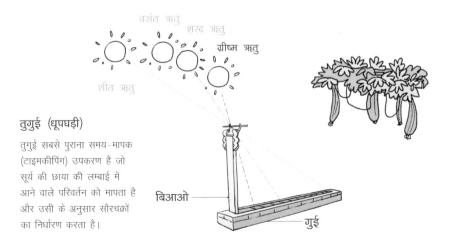

तुगुई (धूपघड़ी)

तुगुई सबसे पुराना समय-मापक (टाइमकीपिंग) उपकरण है जो सूर्य की छाया की लम्बाई में आने वाले परिवर्तन को मापता है और उसी के अनुसार सौरचक्रों का निर्धारण करता है।

सामान्य इतिहास

24 सौरचक्रों का गीत

वसंत की शुरुआत है यह तो, प्लम के सुंदर फूल खिले हैं
बारिशों के दिन हैं देखो, लाल खुबानी के फूल खिले हैं
लम्बी नींद से जगे हैं कीड़े, जंगल में बिजली कड़क रही है
वसंत विषुव का दिन आया है, तितली फूलों पर थिरक रही है
चमकीले-सुथरे दिन आएँ तो, पतंग आकाश को छूती ही है
अन्न वर्षा के मौसम में, पत्तियाँ चाय की हरे पन्ने सी होती हैं
ग्रीष्म ने दस्तक दे दी देखो, शहतूत हैं मीठे चेरी जैसे
फसल पकने को आई है, यूँ पकी नहीं है लेकिन वैसे
रेशम के कीड़ा पालन में, कुछ लोग व्यस्त हैं खेती में
गेहूँ कटने का समय यही है, अब धान लगेगी खेतों में
ग्रीष्म संक्रांति पर धान के पौधे, सजे हैं उजले फूलों से
यह हरियाली का नृत्य मनोहर, दिख जाता है मीलों से
कम गर्मी का मौसम फिर भी फलियाँ पकने को आई हैं
ज़रूर किसान ने खेत में अपने, अगेती फसल उगाई है
अब गर्मी भरपूर है आई, तालाबों में कमल खिले हैं
रतनारे फूल कमल के सुंदर, देख हमारे दिल खिले हैं
शलभ के स्वर मद्धम हैं अब, नींद भी अच्छी आती है
अकड़ गर्मी की ढीली पड़ी, लगता है शरद शुरुआती है
यह गर्मी का अंत है देखो, सूर्यमुखी खड़ा मुस्काता है
बूँदें ओस की गिरने लगी हैं, यह मोती मन भरमाता है
अबाबीलें वापस आ गई हैं, दिन भर उड़ती रहती हैं
आसमान से हंसों की भी अब होड़ लगी सी रहती है
ठंडी ओस की चादर अब, धरती ने ओढ़ लिया है
सब्ज़ियों ने खेतों में अपना, क्षेत्र विस्तार किया है
शरद विषुव आते ही, मीठे ओसमैन्थस बौराते हैं
आते-जाते लोगों पर अपनी, खुश्बू खूब लुटाते हैं
पाला पड़ना शुरू हो गया, नर्कत पुष्प उड़ाता है
सर्दी का आरम्भ सदा, सौभाग्य ही लेकर आता है
हल्की बर्फ गिरने लगी है, आँखों को ये रुचते हैं
हवा में तैरते हिमकन देखो, पंख हंस के लगते हैं
भारी हिमपात के मौसम में, तेज़ हवाएँ चलती हैं
और स्वागत में विंटरस्वीट की कलियाँ खिलती हैं
शीत संक्रांति पर बर्फ का गिरना, अच्छा शगुन है
नये साल में खुशहाली की चाबी तो यही शगुन है
ठंड अभी कम है लेकिन घर की याद आने लगी है
नया साल भी धीरे-धीरे दरवाज़े तक आ पहुँचा है
आ पहुँचा है महाठंड, अब नये साल की बारी है
अपनों से मिलने-जुलने और मस्ती की तैयारी है

24 सौरचक्र या सौर-अवधियाँ

वसंत का आरम्भ

तेज़ बारिश

कीड़ों का जागरण

ग्रीष्म का आरम्भ

फसलों में परिपक्वता

गेहूँ पकने का समय

शरद का आरम्भ

गर्मी का अंत

सफेद ओस

सर्दी का आरम्भ

हल्की बर्फ

भारी बर्फ

वसंत विषुव	साफ़ और चमकदार मौसम/चींगमिंग	अंकुर फूटने का समय/अन्न वर्षा
ग्रीष्म संक्रांति	कम गर्मी	अधिक गर्मी
शरद विषुव	ठंडी ओस	बर्फ गिरना
शीत संक्रांति	कम ठंड	महाठंड